Melchior Marcks
Reich werden, ohne rot zu werden
*Die harte Währung der Erfahrung:
Selfmade-Karrieren und ihre Erfolgsgeheimnisse*

www.diy-reichtum.de

Worte horten

alias X Konzeptionslabor

Was ist Erfolg?
Welche Faktoren stecken hinter den Erfolgs-
biografien von Selfmade-Persönlichkeiten?
Gibt es so etwas wie ein geheimes Erfolgsrezept?

>*„Wenn Erfolg*
>*nur auf Versuch und Irrtum beruht,*
>*ist diese Theorie zwar ein Versuch,*
>*aber wahrscheinlich ein Irrtum."*
>(M. Bluemlein in: 365wenn.de)

Was ist Reichtum?
Abgesehen von Geld, Wohlstand, Besitz, Macht,
Einfluss und materiellem Überfluss -
was könnte Reichtum noch sein oder bedeuten?

„Reichtum ist weit mehr als das Vorhandensein von Überfluss und die Abwesenheit von Armut.

Wenn wir unter Armut das Fehlen elementarer Voraussetzungen und Möglichkeiten, und unter Reichtum den Begriff der Fülle verstehen, bedeutet wahrer Reichtum die Möglichkeit, sein Leben in gesicherten Verhältnissen und in kluger Bescheidenheit frei zu führen – unter Menschen, denen diese Möglichkeiten ebenfalls frei zur Verfügung stehen."

(Melchior Marcks)

Texte, Titelgestaltung und Kontakt:

alias X
Konzeptionslabor
Industriestr. 10
D-89275 Elchingen
www.aliasx.de

Bilder:
Titel/Umschlag: © Guido Vrola, rcx, babimu (Fotolia.com)
Rückumschlag: © Aptyp_koK (Fotolia.com)

Bibliografische Information der Deutschen Nationalbibliothek:
Die Deutsche Nationalbibliothek verzeichnet diese Publikation in der Deutschen Nationalbibliografie; detaillierte bibliografische Daten sind im Internet über http://dnb.dnb.de abrufbar.

Herstellung und Verlag:
BoD – Books on Demand, Norderstedt
ISBN: **978-3-734-747-786**

© 2014

Für meine Rente

Inhaltsverzeichnis

DO or DIE? Oder DIY? (Vorbetrachtung)......7

DIY-Reichtum für Arme?
Von der Magie der ersten Million......13
Gibt es den Selfmade-Prototypen?
Die Erfolgsmythen der Erfolgstypen......17
Die Top-Erfolgsmodule der Selfmader (Ausriss)......31

„Nur" erfolgreich, oder: mit Erfolg reich?
Sieben aufschlussreiche Beispiele......45
I. Spielerische Anfänge......47
II. Lohnender Einsatz......74
III. Der Traum vom guten Leben......84
IV. Bewegliche Ziele......92
V. Volles Risiko......115
VI. Aufstieg und Absturz......122
VII. Senkrechtstart hoch Drei......133

Erfolgs-Faktoren von A bis Z......146

Anhang......190

DO or DIE? Oder DIY?

**Rot oder reich? Streben oder Sterben?
Kleine Farbenlehre für Selber-Macher.**

Reich zu werden, ohne rot zu werden -
dieses Privileg kennen und teilen, vor ganz unterschiedlichem Hintergrund, drei grundverschiedene Typen von Menschen, die es auf diverse Arten zu individuellem Reichtum gebracht haben.

Da wären zunächst die Glücklichen, denen ohne eigenes Zutun oder ohne besondere oder gezielte Anstrengung der Reichtum zufällt. Zu dieser Art von Wohlstand, mag ihn die Mitwelt nun als verdient oder unverdient betrachten, kann man sich im besten Sinne schamlos bekennen: Der einzig beobachtbare Farbakzent, der sich neben dem freudigen Erröten der Betroffenen womöglich einstellt, dürfte die gelbliche Gesichtsfarbe der unvermeidlichen Neider sein.

Nicht erst seit jüngerer Zeit gibt es dagegen den Typus des absolut skrupellosen und giergetriebenen Geldkapitalisten, der sich seine Reichtümer auf ihm adäquate Arten verschafft, nämlich nach dem Motto: *„Legal – illegal – scheißegal!"*. Mangels jeder inneren moralischen Instanz und unbehelligt von einem lästigen Gewissen ist ihm jede Scham so fremd wie dem Prostata-operierten seine Libido. Die einzige Röte, die sich im Dunstkreis solcher Menschen unvermeidlich einstellt, ist die Zornesröte all' der geprellten, empörten, geschädigten, übervorteilten, ausgenommenen oder gar zerstörten Existenzen, die das Pech hatten, den Weg solcher Ego-Monster zu kreuzen. Deshalb wollen wir diesen inhumanen Typus hier einfach mit der tödlichen Verachtung unserer schnöden Nichtbeachtung strafen.

Die Röte der Anstrengung steht hingegen oft und unvermeidlich jenen ins Gesicht geschrieben, die noch am Beginn ihrer Erfolgsbiografie stehen, und deren späterer Wohlstand sich primär auf eigene Tüchtigkeit und Tätigkeit stützt. Denn vor den DIY-Reichtum haben die Götter den Schweiß gesetzt. Dieser eher naturgemäß anmutenden Morgenröte aufkommenden oder sich abzeichnenden späteren Wohllebens gilt hier unsere volle Aufmerksamkeit. Auch wenn der Titel dieses Buches vielleicht anderes suggerieren mag (für den Autor übrigens kein Grund, rot zu werden):

Aus der Außenbetrachtung (wie auch in der autobiografischen Selbstbespiegelung) stellen Erfolgsbiografien sich oft auf eine Art dar, die man nicht anders als geschönt oder verklärt bezeichnen kann.
Ganz einfach, weil sie vom bereits erreichten Status Quo ausgehen, diesen nicht kritisch hinterfragen, oder oft genug unbequeme Tatsachen einfach ausblenden. Dieses verdrängungsbedingte Ausbleiben des Errötens wollen wir in unserem Zusammenhang zwar erwähnen, aber nicht näher beleuchten. Denn uns geht es um die echten Erfolgspersönlichkeiten, und für die ist es dank eigener Tüchtigkeit im weiteren Verlauf ihrer Erfolgsbiografie meist nicht mehr vonnöten zu erröten – weder vor Anstrengung, noch vor Scham.

Ganz einfach deshalb, weil ein redlich erworbenes und verantwortungsvoll vermehrtes Vermögen dafür keinen Anlass bietet.

Das führt uns zu der unvermeidlichen Frage:
Kann es das überhaupt geben, ein redlich erworbenes Vermögen? Wir glauben, ja! Sonst gäbe es keinen Anlass, dieses Buch zu schreiben. Und wahrscheinlich auch keinen, es zu lesen. Aber das entscheiden Sie, als angehender Selfmademan (oder als angehende Selfmadewoman) am besten – genau: yourself!

Varianten-reich: Drei Farben Rot

Wenn Menschen reich werden, gibt es dafür diverse denkbare Umstände oder Erklärungen:

1. Erbschaft – eine der komfortableren Varianten oft unverhofften Wohlstands
2. Heirat bzw. profitable Scheidung – ebenfalls eine eher bequeme Art, zu Geld und Gut zu kommen – allerdings immer noch eher dem weiblichen Geschlecht vorbehalten
3. Lottogewinn oder Glücksspiel – eher unwahrscheinlich, wenn auch prinzipiell möglich
4. Unverhoffter Schatzfund – ungefähr so wahrscheinlich, wie bei wolkenlosem Himmel vom Blitz getroffen zu werden
5. Ehrliche Arbeit (siehe Punkt 3.)
6. Erfindung/Patent/Beteiligung
7. Eher zweifelhafte, anrüchige bis unehrenhafte Methoden wie Spekulation, Banken- bzw. Banden- und Versicherungswesen und -unwesen, kriminelle Unternehmungen und Vereinigungen aller Art, Politik-Filz und -Vorteilsnahme, etc. (statistisch signifikant häufig)
8. Herausragende individuelle Fähigkeiten oder besonderes Aussehen (soll es tatsächlich geben)
9. Sonstige (z.B. Schenkung, Belohnung, Abfindung, Schadenersatz, Schmerzensgeld, etc.)

Hunger oder Hummer? Keine Frage!
Der Hummer ist eines der Sinnbilder für sichtbares Wohlleben. Leider muss er dafür das seine hingeben. Wenn ein Hummer rot wird, hat das nur eine Ursache und eine unabwendbare Folge:

- Er wurde nach allen Regeln der Kunst abgekocht, d.h. lebendig ins kochende Wasser geworfen. Dafür muss man schon etwas abgebrüht sein als Koch.
- Merke: „Nur ein toter Hummer ist ein roter Hummer!" Lebendige Schalentiere haben hingegen meist eine dunkle, steingraue Färbung mit einem Stich dunkelblau oder tiefseegrün, je nach Herkunftsgebiet auch einen leicht rosa- oder orangefarbenen Schimmer.
- Dekadenzspruch der Neureichen:
  „Hummer ist der beste Koch!"

Wenn der Mensch rot wird, kann das verschiedene innere wie äußere Ursachen haben:

1. Zu hoher Blutdruck, z.B. auf Grund von Veranlagung oder ungesunder Lebensweise. Da dies kein Gesundheitsratgeber werden soll, wollen wir uns mit dieser Möglichkeit hier nicht weiter beschäftigen.
2. Sonnenbrand oder krankhafte Hautveränderung – hier auch kein Thema (siehe Punkt 1.)

3. Hitzeeinwirkung (nicht relevant für unsere Betrachtungen, es sei denn, die Hitze würde durch exzessive Geldverbrennung verursacht)
4. Alkohol- oder Drogenmissbrauch (hier ebenfalls nur von untergeordneter Bedeutung, allenfalls als Dekadenzerscheinung infolge übergroßen, oder aber auch komplett eingebüßten Wohlstands)
5. Anstrengung, z.B. durch harte Arbeit oder andere Arten körperlicher oder geistiger Betätigung (da kommen wir der Sache schon näher)
6. Gefühlsbedingte Gesichtsrötung durch a) Zorn/Wut, b) Verlegenheit oder Scham, c) Leidenschaft, Freude d) sexuelle Erregung (in unserem Zusammenhang alle mehr oder minder relevant bis auf a), welche eher beim fremd- oder selbst verschuldeten Verlust von Geld, Reichtum oder anderen Werten - auch immateriellen - zu beobachten ist)

Wenn hingegen das Konto rot wird, gibt es dafür nur eine Bezeichnung, aber viele mögliche Ursachen.
Da Reichtum auf Pump oder auf Kosten Anderer (z.B. über Spekulationsgewinne) nicht unser Thema ist, und es darum geht, aus einer Eigenleistung heraus ein Konto dauerhaft mit vielen schwarzen Nullen hinter der ersten Ziffer zu füllen – geschenkt!

Wie lautet doch die Trostformel der prekären, unterprivilegierten und notorisch erfolglosen Existenzen:
„Hunger ist der beste Koch!"

DIY-Reichtum für Arme?
Von der Magie der ersten Million

„Die erste Million ist immer die schwerste!"
Dieser altbekannte Spruch (ab)gestandener Selfmademen suggeriert Zweierlei.

> Erstens: Der Weg zum Millionär/zur Millionärin steht prinzipiell für Jedermann/Jedefrau offen. Das heißt, liebe Leserin, lieber Leser:
> AUCH DU KANNST ES SCHAFFEN!

> Zweitens: Wenn man es erst einmal geschafft hat, ist der Rest ein Kinderspiel.

Will heißen, der weitere Weg zum Multimillionen- oder gar Milliardenvermögen ist dann quasi schon vorgeebnet. Nun, dieser zweite Teil der Aussage ist sicher wahrscheinlicher als der erste. Denn für die erste Etappe braucht man die Steherqualitäten des echten Selfmade-Mannes (der echten Selfmade-Frau) – oder aber einen unverschämten Riesenhaufen Glück.

Zwar gab und gibt es in der Geschichte des Kapitalismus immer wieder Gelegenheiten und Rahmenbedingungen, unter denen auch Otto Normalverbraucher ganz schnell zum Millionär avancieren kann und konnte: es sind die Phasen der Hyperinflation, also der galoppierenden Geldentwertung, in denen dann allerdings niemand mehr etwas mit seinen astronomischen Geldsummen anfangen kann – höchstens alte

Schulden tilgen, wenn man in der glücklichen Lage ist, gerade dann genug davon zu haben.

Bleibt die Frage: Auf welche halbwegs ehrliche Art kommt man am schnellsten zu einem soliden Vermögen? Sie beschäftigt den Menschen schon seit er den Tanz ums Goldene Kalb kultiviert hat.

Und so setzen Verlage und Buchhändler in schöner Regelmäßigkeit Millionenbeträge mit entsprechender Ratgeber-Literatur um.

Dort hört und liest man dann von märchenhaften Werdegängen und vollkommen unwahrscheinlichen Biografien, deren Akteure, oft genug über Boden-/Immobilien- und/oder Börsenspekulationen, zu sagenhaftem Reichtum gelangt seien.

Irgendein Börsen-Guru (ich glaube sogar, es war der legendäre André Kostolany) hat es sinngemäß einmal so auf den Punkt gebracht:

„Wenn Sie wissen wollen, wie Sie es an der Börse zu einem kleinen Vermögen bringen können, fangen Sie am besten mit einem großen an!"

Damit ist eigentlich alles zu diesem Thema gesagt. Reich zu werden ist mindestens so schwer wie reich zu bleiben – zumindest, solange man selbst aktiv etwas dafür leistet oder leisten muss - es sich also nicht leisten kann, „sein Geld für sich arbeiten zu lassen".

Für einen Habenichts bietet die Börse also keine echten Perspektiven in Sachen Vermögensbildung, das liegt in der Natur der Sache. Da braucht es schon seriösere Aktionsfelder (Ausnahmen bestätigen auch hier die Regel, wie z.B. die Biografie des „Musical-Mannes"

Friedrich Kurz zeigt, der als Börsenbroker den finanziellen Grundstock für seine spätere Produzentenkarriere erwirtschaftete [*1]). Seine Autobiografie bildet ein Lehrstück der Höhen und Tiefen einer Selfmade-Karriere ab, wie sie heutzutage wohl kaum noch zu realisieren wäre.

Also - was ist überhaupt wirklich dran an diesem alten Tellerwäscher-zum-Millionär-Gewäsch – lassen wir uns da nicht sauber von geschönten Legenden oder von schnödem Hollywood-Schein einseifen?
Wie viel Mythos steckt hinter der hypnotisierenden Magie dieses Millionärstraums? Pure kapitalistische Ideologie, basierend auf dem „American Dream" der (bis dato noch) größten Kapitalismusnation dieser Erde? Oder ist es eigentlich nur ein Spießertraum? Alles reine Propaganda, um den einfachen Mann/die einfache Frau bei der Stange, sprich, im Arbeitsjoch zu halten? Kann ein Mann/eine Frau allein überhaupt in der Lage sein, es buchstäblich aus dem Nichts zu Wohlstand und Reichtum zu bringen? Und das womöglich heute noch?

Der amerikanische Schriftsteller Richard Ford, einer der wenigen wirklich Berufenen, die es nachprüfbar aus eigener Kraft zu Weltruhm und Wohlstand gebracht haben, hat dazu eine sehr eindeutige Meinung:

„Das Gerede vom American Dream war immer schon Bullshit, und heute ist es das mehr denn je. Wer etwas hat, hat es geerbt oder auf legalem Weg gestohlen.

Deshalb redet man auch nicht über diesen amerikanischen Traum: Sobald du dir das näher anschaust, erkennst du, dass es eine einzige Lüge ist." [*2].

Aber wenn es sich wirklich so verhält, wie kommt es dann, dass immer wieder einigen wenigen Auserwählten das Husarenstück zu gelingen scheint, sich aus bescheidensten Verhältnissen und Anfängen in die Liga der Spitzenverdiener hoch zu arbeiten – auch im fortgeschrittenen Internet-Zeitalter?

Zu arbeiten? Haben Sie gerade richtig gelesen? Sollte man mit Arbeit tatsächlich reich werden können? Das ist wohl in erster Linie eine Definitionsfrage. Denn nicht zwangsläufig muss diese Arbeit im landläufigen Sinne dem Ideal „rechtschaffener" Arbeit oder Erwerbstätigkeit entsprechen, wie manche unserer Beispiele zeigen.

Oder, wie es schon der alte Berthold Brecht so entlarvend zuzuspitzen wusste:

„Bankraub ist eine Unternehmung von Dilettanten. Wahre Profis gründen eine Bank."

Gibt es den Selfmade-Prototypen?
Die Erfolgsmythen der Erfolgstypen

Was zeichnet also den sogenannten „Selfmademan" nach klassischem Muster aus?

Es ist zunächst einmal die Tatsache, dass er (oder natürlich ggf. auch sie) am Anfang meist völlig auf sich selbst gestellt ist. D.h. in aller Regel gibt es a priori weder ein komfortables Erbe, ein Grundvermögen oder andere, definitiv un-verdiente Zuwendungen, auf die sich eine Karriere als erfolgreicher Kapitalist gründen ließe. Der klassische Selfmademan/die klassische Selfmadewoman muss zunächst also komplett auf seine/ihre ureigenen Fähigkeiten und die Stärken seiner/ihrer Persönlichkeit vertrauen können.

In diesem Zusammenhang seien, neben notorischen Glücksrittern und Lotteriespielern, bewusst alle Berufsbilder des Showbusiness (Schauspieler/in, Musiker/in, Tänzer/in, etc.) wie auch des Sports ausgespart, bei denen es entweder auf gutes Aussehen, unentdecktes Doping und/oder wahre Könnerschaft oder Körperbeherrschung ankommt. Denn diesen wirklich beneidenswerten Biografien fehlt fast immer das zielgerichtete kapitalistische Element, welches die „wahre" Selfmade-Story auszeichnet: es ist das ausdrückliche Streben nach Gewinn, Reichtum, und vor allem: Unabhängigkeit.

Wobei der Wunsch nach Reichtum alleine wohl nicht ausreicht, um eine wirklich erfolgreiche Selfmade-Karriere hinzulegen:

„Wenn es Dein einziges Ziel ist, reich zu werden, wirst Du es niemals schaffen!"
wusste schon der legendäre John D. Rockefeller, einstmals einer der reichsten Männer der Welt.
A propos Männer: Typischerweise ist der Selfmademan meistens tatsächlich einer, auch wenn sich die Frauenquote in dieser klassischen Männerdomäne in den letzten Jahrzehnten messbar erhöht hat.

Das immer noch traditionell geprägte Rollen(selbst)-verständnis des Mannes als einsamer Jäger, emsiger Sammler und stolzer Beutebringer prägt bis heute den klassischen „Selfmade"-Typus des maskulinen Protagonisten als Hauptakteur (s)eines Heldenepos.
Nur aus diesem Grund sind die Frauen in den hier aufgeführten Beispielen stark in der Minderzahl.
Als Repräsentantin der „Frauenquote" fällt die später hier vorgestellte Erfolgslady gleich doppelt aus dem Raster: Im Gegensatz zu Ihren männlichen Kollegen hat sie nämlich zwar bei Null angefangen, aber nicht mit Nichts. Zudem zeichnet sie sich durch einen ganz besonderen unternehmerischen Antrieb und Ansatz aus. Doch dazu später mehr.

Gemeinsames Merkmal nahezu aller Selfmade-Werdegänge ist übrigens, dass sie im (erweiterten) Dienstleistungsbereich ihren Anfang nahmen.
Wie sollte es auch anders sein, wenn man anfangs über keinerlei „Hardware", sprich Produktionsmittel, verfügt, außer vielleicht über zwei gesunde Hände, einen funktionierenden Menschenverstand und ein

paar andere nützliche Eigen- oder Errungenschaften. Denn, auch das ist prototypisch, zumindest für die hier vorgestellten Karrieren und Protagonisten: sie weisen samt und sonders wichtige, wenn nicht unabdingbare Voraussetzungen auf, die zum Ziel führen können.

„Von Nichts kommt nichts" - auch das ist eine schon alte, aber deshalb nicht wirklich abgenutzte Erkenntnis. Welche oder wie viele dieser Voraussetzungen in welcher Kombination jedoch im Einzelfall zum gewünschten Erfolg führen, dafür gibt es leider keine einheitlich gültigen Regeln oder statistisch bzw. wissenschaftlich belastbares Material.

Mit anderen Worten, auch wenn das Gegenteil oft und gerne auflagesteigernd behauptet wird:

Es gibt keine Patentrezepte für den Erfolg.
Insofern muss man sich auf einzelne Fallbetrachtungen und -studien einlassen, um dann ggf. seine eigenen Schlussfolgerungen daraus zu ziehen – so wie in dieser Zusammenstellung geschehen.

Zuvor wollen wir jedoch mit einigen Mythen aufräumen, die immer noch und immer wieder das Bild vom unverdrossenen Einzelkämpfer verklären oder verfälschen, und die damit dazu angetan sind, die realistischen Erfolgsaussichten von vorn herein erheblich zu schmälern. Denn Mythen umwabern vielleicht Sagenhelden. Die Geschichten der Selbstbestimmung, Selbsterfindung und -behauptung, die von den Selfmadern dieser Welt geschrieben werden, stützen sich jedoch auf harte Erfahrung und ebensolche Fakten:

Der Mythos vom Glück
„Die meisten Erfolgsstories sind doch reine Glücksache."
Falsch. So gut wie niemals sind große Entwicklungen oder wirklich nachhaltige Erfolge auf reines Glück zurückzuführen. Andererseits zeigt sich bei näherer Betrachtung, dass das Glück als berühmtes „Zünglein an der Waage" oftmals eine entscheidende Rolle spielt.

Ob es sich um schicksalhafte Begegnungen handelt, glückliche Rahmenkonstellationen oder Entwicklungen, unverhoffte Kapitalhilfe, veränderte politische Rahmenbedingungen, oder schlicht der glückliche Zufall oder eine günstige Gelegenheit den Weg ebnet – immer wieder kommt der, oft entscheidende, Faktor Glück ins Spiel – oder eben auch nicht.

Sein Fehlen – *„Wenn man schon kein Glück hat, ist wenigstens auf das Pech Verlass!"* – kann sich definitiv schädlich auf jede Unternehmung auswirken oder ihr womöglich ganz den Garaus machen.

Der Mythos von der guten Idee
„Eine gute Idee ist schon der halbe Erfolg."
Schön wär's. Die Welt ist voller hervorragender bis genialer Ideen, die niemals eine Chance hatten oder bekommen werden. Ganz im Gegenteil herrscht eher die Tendenz vor, wirklich gute Ideen schon im Ansatz zu ersticken, ganz einfach, weil zu viele schlechte schon verwirklicht wurden – unter massivem Einfluss von Kapital, Macht und Gier.

Diese Faktoren bilden – gemeinsam mit menschlichem wie strukturellem Trägheitsmoment und der puren Ignoranz – das Bollwerk, an dem die meisten guten Ideen zerschellen.

Der Spruch: *„Das Bessere ist der Feind des Guten"* entpuppt sich daher meist als reines Wunschdenken oder als Propaganda. In Wahrheit verhält es sich im besten Falle so, dass das Mittelmaß das Maß aller Dinge ist – und somit der mächtigste Feind jeder Idee, die es als solches entlarven oder gar überflügeln könnte.

Deshalb: Sollten Sie je eine wirklich gute Idee haben – behalten Sie sie (im Wortsinne) für sich! Nur dann haben Sie eventuell die Chance, sie auch selbst zu verwirklichen, zu vermarkten und zu verwerten, und damit eine echte Selfmade-Story zu schreiben.

Der Mythos von der Marktlücke

„Man muss nur die richtige Marktlücke finden." Die Vorstellung, dass mit dem wachsenden Angebot auch die Anzahl der Marktlücken wächst (was, rein mathematisch betrachtet, ja von zwingender Logik wäre), ist bestenfalls naiv. Natürlich ist genau das Gegenteil der Fall: Die Chance, in unserer hoffnungslos überfrachteten Welt noch eine – womöglich gar DIE EINE Marktlücke einer Branche zu finden, welche sich als Volltreffer erweist, geht gegen Null. Trotzdem gelingt es findigen Existenzen immer noch und immer wieder, entweder doch eine aufzutun, oder über geschicktes Marketing eine virtuelle zu generieren.

Diese Tatsache hält den Mythos weiter am Leben, und mit ihm die Visionen ganzer Generationen von Träumern und Goldgräbern. Merke: Ein Markt ist erst dann wirklich gesättigt, wenn er zusammenbricht.

Der Mythos von der Tüchtigkeit
„Dem Tüchtigen hilft das Glück!"
Eine Aussage, die wie das berühmte „Pfeifen im Walde" meist der Selbstmotivation dient. Bevorzugt dann, wenn die Startvoraussetzungen denkbar ungünstig sind, wird dieser Spruch gerne strapaziert – manchmal auch mit Erfolg! Denn nichts ist anfangs stärker als der Glaube an das Gelingen der eigenen Unternehmung:

Wenn er sich mit genügend anderen begünstigenden Faktoren anreichert, kann er manchmal definitiv die sprichwörtlichen Berge versetzen. Und dann kann dem Tüchtigen, gemäß einer sich selbst erfüllenden Prophezeiung, in der Tat etwas gelingen, aus dem später vielleicht Mythen geschaffen werden.

„Das Glück des Tüchtigen war ihm/ihr hold!", wird solchen Biografien dann gerne ehrfürchtig hinterher geraunt. Der Untüchtige jedoch wird auch mit allem Glück der Welt auf Dauer kaum bestehen können.

Der Mythos vom einsamen Genie
„Der Starke ist am mächtigsten allein!"
Dieser Mythos stimmt zumindest in einer Hinsicht fast immer: Genie macht einsam. Aber leider selten erfolgreich (Ausnahmen wie Steve Jobs bestätigen wie immer die Regel). Und Stärke allein hilft vielleicht, die Einsamkeit besser zu ertragen, selten jedoch bei der Bewältigung komplexer und zwangsläufig arbeitsteiliger Aufgaben und Problemstellungen, die sich aus jeder Form und Art der Selbstständigkeit heute permanent ergeben. Mochte zu früheren Zeiten der solitäre Entscheider noch eine Identifikationsfigur abgeben,

so ist diese Gestalt heute einfach nur noch überholt. Allein und auf sich selbst gestellt, wird sie die Selbstständigkeit allenfalls als Selbsterfahrung des Scheiterns erleben – oder aber als exzessive Selbstausbeutung, einhergehend mit fortgesetztem Selbstbetrug.

Wahres Genie und wahre Stärke zeigt sich in der Fähigkeit, andere Befähigte, andere Starke um sich zu scharen, und damit den Erfolg zu sichern.
Die Biografie von Steve Jobs [*3] liefert dafür sehr aufschlussreiches Anschauungsmaterial.

Der Mythos vom richtigen Zeitpunkt
„Nichts ist stärker als eine Idee, deren Zeit gekommen ist."
Tatsächlich ist an dieser Aussage viel Wahres, besonders, wenn man sich den Umkehrschluss betrachtet: Jeder noch so guten Idee wird zum falschen Zeitpunkt höchstwahrscheinlich kein Erfolg beschieden sein.

Insofern ist das richtige Timing in der Tat von erheblicher Bedeutung – aber eben nur im Zusammenspiel mit anderen begünstigenden Faktoren und Bedingungen. Denn selbst wenn für eine Idee ihr Zeitpunkt gekommen ist – was bietet die Gewähr, dass man selbst Derjenige sein wird, der davon profitiert? Zum Beispiel, weil man just zu diesem Zeitpunkt kein Kapital hat, um sie zu verwirklichen? Insofern ist das optimale Timing einer der wichtigsten und gleichzeitig kritischsten Faktoren, weil man es in allen Facetten und an allen Schnittstellen meist nur schwer beeinflussen kann. Deshalb gilt: immer frisch drauflos mit einer guten Idee oder einem Projekt, das es wert erscheint.

Denn wer zu spät kommt, den bestraft nicht nur das Leben, sondern der verspielt womöglich auch seine Chancen auf eine bessere Zukunft.
Andererseits gilt aber auch: *„Besser spät als nie!"*. Denn oft genug machen gerade die cleveren Nachzügler oder Nachahmer sogar das bessere Geschäft, weil sie sich die Fehler und Mühen der Pioniere ersparen. Eine bittere Lektion für entschlossene Wegbereiter, denen womöglich zu früh die Luft ausging.

Der Mythos von den richtigen Kontakten
„Wer Erfolg haben will, muss sich mit erfolgreichen Leuten umgeben."
Vorsicht, Glatteis! Ganz sicher wird es zum gegebenen Zeitpunkt hilfreich, nützlich oder gar unabdingbar sein, die richtigen Leute zu kennen, und wichtige Kontakte zu knüpfen und zu pflegen. Jedoch sind solche Leute i.d.R. primär am Erfolg orientiert, und umgeben sich daher bevorzugt mit Ihresgleichen. Allzu leicht findet man sich als Newcomer in der Rolle des Paria wieder, was jedem Erfolg abträglich, und obendrein schädlich fürs Ego ist. Zudem wittern notorische Alpha-Erfolgstiere in jedem Emporkömmling eine mögliche Konkurrenz, und werden daher meist jede Ambition zum Emporkommen entweder torpedieren oder zumindest nicht fördern. Ausnahme: Wenn es ihren eigenen Interessen dient.
Allerdings zeigt auch hier der Umkehrschluss keine Lösung auf. Wer sich mit Verlierertypen umgibt, wird vielleicht zeitweise das Gefühl haben, selbst erfolgrei-

cher zu sein als der Rest. Damit ist dann aber das Erfolgslimit meist auch schon erreicht.

Also: Welches die richtigen und wichtigen Kontakte waren oder sind, erfährt man leider oftmals erst hinterher – und das kann in der Tat zu spät sein.

Der Mythos von der Beharrlichkeit
„Steter Tropfen höhlt den Stein", „Wo ein Wille ist, da ist auch ein Weg" oder „Beharrlichkeit führt zum Ziel".
Nicht umsonst gibt es so viele darauf passende Sinnsprüche bei uns, denn Durchhaltevermögen ist eine Generaltugend für jeden Unternehmer.

Diese altbekannten und durchaus nicht weltfremden Sprüche und Beobachtungen sind dennoch alles andere als Garanten für den erfolgreichen Verlauf oder Abschluss irgendeiner Unternehmung. So werden mit schöner Beharrlichkeit Projekte verfolgt und beerdigt, an denen sich manch' unermüdliche Kraft bis zur völligen Erschöpfung oder Selbstzerstörung abgearbeitet hat. Sicher ist es stets fatal, zu früh die Flinte ins Korn zu werfen. Tragisch ist es jedoch, den richtigen Zeitpunkt zum Aufgeben, Umschwenken oder Abgeben zu verpassen. Denn wer zu lange an etwas festhält, kann leicht damit untergehen. Die dafür nötige Erfahrung bringt gerade der Anfänger meist nicht mit, und kann daher, speziell bei uns in Deutschland, schnell die Möglichkeit auf eine zweite Chance vertun.

Der Mythos von der Kapitalkraft
„Mit genügend Kapitaleinsatz kann man alles zum Erfolg bringen!"
An diesem Mythos ist leider einiges dran. Von wenigen spektakulären Ausnahmen abgesehen, bei denen der Größenwahn der Akteure sogar die Möglichkeiten ihrer Kapitalkraft überstieg (Beispiele: Fusion Daimler/Chrysler, Immobilien-Skandal Schneider, Übernahmeversuch VW durch Porsche, dito Schaeffler/Continental, Mannesmann-Skandal, EON-Skandal, Nürburgring-Debakel, später dann das gesamte Bankster-Syndikat [*6], etc.), lässt sich mit Geld buchstäblich fast alles bewegen. Unsere überbordende Konsumwelt, die mit Produkten und Dienstleistungen von teils eklatant zweifelhaftem Wert und ebensolcher Qualität überfüllt ist, liefert Tag für Tag den erschreckenden Beweis. Umgekehrt hat es zur Folge, dass noch so gute Ideen oder erfolgversprechende Projekte ohne die entsprechende Kapitalausstattung faktisch so gut wie chancenlos sind. Umso mehr, als die Kapitalwirtschaft seit dem Börsendebakel 2008 stets nur auf die x-fach abgesicherte Bonität von Kapitalsuchenden schaut (speziell bei kleinen bis mittleren Unternehmen und Projekten), und nicht auf die Güte, die Substanz oder das Potenzial ihrer Vorhaben.

Die Zeiten, in denen man ganz bescheiden „klein anfangen" konnte, sind demnach definitiv Geschichte. Insofern hat es ein Selfmader ohne gesicherte Eigenkapitalausstattung heute besonders schwer – oder er/sie schafft es, seriöse und weitblickende Geldgeber zu interessieren, die entsprechende Investitions- und

Risikobereitschaft mitbringen – ein echter Glücksfall, vergleichbar etwa mit einem Sechser im Lotto.

Das Internet-Zeitalter bietet jedoch interessante Alternativen der Kapitalbeschaffung, beispielsweise über Venture-Capital-Plattformen oder den Weg des Crowdfunding.

Kleiner Trost am Rande: Wirklich schlechte Ideen, Produkte oder Projekte werden auch trotz massiver Kapitalunterstützung langfristig nicht überleben. Allerdings gibt es ihrer leider viel zu viele, die einfach nur auf Grund ihrer zeitweisen Existenz den Markt besetzen und damit auch für andere, womöglich bessere, versperren.

Der Mythos von der Sparsamkeit
„Der Sparsame achtet den Gewinn."
Man könnte den Satz auch umdrehen: „Der Gewinner achtet die Sparsamkeit." Das Hohelied von der Generaltugend der „Schwäbischen Hausfrau" wird ja gerne bevorzugt von jenen angestimmt, die den Rotstift bei sogenannten „Sparleistungen" ansetzen, die zu Lasten der Steuerzahler oder des ebenso oft strapazierten „Kleinen Mannes" gehen. Dieser wohlfeile Missbrauch der Sparsamkeit auf Kosten Anderer wertet sie als wahre Unternehmertugend jedoch keineswegs ab – im Gegenteil: Wer in der Lage ist, Kapital für eine Unternehmensgründung anzusparen, verfügt meist über wichtige charakterliche Voraussetzungen, die eine erfolgreiche Unternehmerschaft begünstigen.

Denn eine gute Portion Selbstdisziplin und Hartnäckigkeit gehört immer dazu, wenn man seine Ziele (eben auch seine Sparziele) konsequent verfolgt. Und nichts macht unabhängiger als eigenes Startkapital!

Im Idealfall muss man kein oder nur wenig Fremdkapital aufnehmen, und in der Wahl von Geschäftspartnern oder bei wichtigen Entscheidungen keine unerwünschten Zugeständnisse machen oder unbefriedigende Kompromisse eingehen. Sparsamkeit liefert die Grundlage für unternehmerische Freiheit im besten Sinne. Und auch ein prosperierendes Unternehmen tut gut daran, diese Tugend zu kultivieren.

Fazit: Sparsamkeit tut gut, nicht not! Die Rede ist hier jedoch ausdrücklich nicht von der knispeligen Kleinlichkeit der schwäbischen Pietisten, die man nicht zu Unrecht gerne etwas auf die Schippe nimmt:
„Spare in der Not, dann hast Du 'was vom Tod!"
Gemeint ist eher der verantwortungsbewusste Umgang mit Ressourcen, der die Basis jeder Nachhaltigkeit bildet.

Der Mythos von der Redlichkeit
„Der Ehrliche ist der Dumme!"
Der viel gerühmte „Pfad der Tugend" ist nicht nur mühevoll und dornenreich, in Zeiten des weltweit entfesselten Turbokapitalismus führt er leider meist auch nicht zum angestrebten Erfolg. Die früher noch gültigen Generaltugenden des redlichen Geschäftslebens sind heute zum Großteil außer Kraft gesetzt oder eine bestenfalls belächelte, folkloristisch anmutende Randerscheinung. Mit offenem Visier anzutreten, ist mindestens fahrlässig; Geschäftspartner nicht als potenzielle Gegner oder Konkurrenten einzustufen,

allenfalls naiv. Wer seinen Grundsätzen und Zusagen treu bleibt, outet sich als weltfremder Idealist, kurz: Der Ehrliche ist fast immer der Dumme, und wird kaum eine erfolgreiche Selfmade-Karriere hinlegen.

„Üb' immer Treu' und Redlichkeit, bis an Dein kühles Grab, dann senkt man Dich mit Sicherheit schon bald darein hinab!"
Geradezu töricht wäre es, eigene positive Überzeugungen, Absichten und Ideale (so man sich welche bewahren oder hinüberretten konnte) womöglich auch von seinen Gegenübern im Haifischbecken der Geschäftswelt erwarten zu wollen.

Um die Situation zu illustrieren, hilft vielleicht ein Vergleich mit dem modernen Straßenverkehr. Bekanntermaßen ist auch hier der menschliche Faktor das größte Sicherheitsrisiko:
Am besten und sichersten ist man unterwegs, wenn man sein eigenes Fahrzeug (so es denn technisch einwandfrei und in verkehrstüchtigem Zustand ist) optimal beherrscht, sich seiner Fähigkeiten und Schwächen als Fahrer maximal bewusst ist, und gleichzeitig seinen Fahrstil darauf einstellt, dass sich sonst nur noch Grenzdebile, Kriminelle, Psychopathen oder potenzielle Killer auf der Straße bewegen.
Das bewahrt einen zwar nicht immer vor brenzligen Situationen oder Unfällen, aber die Überlebenschance steigt signifikant. Und in der Mehrzahl der Fälle erreicht man sogar unbeschadet sein Ziel.

Fazit: Wie sich hier schon andeutet, ist immer eine ganze Anzahl verschiedenster Faktoren im Spiel, wenn es darum geht, eine Erfolgsstory anzufangen und fortzuschreiben bzw. ein Desaster zu vermeiden.

In manchen Fällen genügt schon ein kleiner Ausschnitt dieser Erfolgsfaktoren (in einer glücklichen Konstellation oder in idealer Kombination), um den angestrebten Zielen signifikant näher zu kommen.

Andererseits kann schon das Fehlen auch nur eines oder gar mehrerer Faktoren, oder deren unglückliches Zusammenspiel, den Erfolg nachhaltig beeinträchtigen oder gar ganz verhindern (wie der Autor aus eigener leidvoller Erfahrung zu berichten weiß).
Aber das wäre ein Thema für ein anderes Buch.

Schauen wir uns statt dessen lieber einmal diese erfolgsrelevanten Faktoren etwas näher an:
im folgenden Kapitel habe ich die wesentlichen Voraussetzungen identifiziert, kurz charakterisiert und in alphabetischer Ordnung für Sie zusammengetragen. Ihre ausführliche Charakterisierung und Betrachtung findet sich im letzten Buchkapitel unter der Überschrift: „Erfolgs-Faktoren von A bis Z".

Die Top-Erfolgsmodule der Selfmader

Es ist ja heute oft und gerne von sogenannten „Skills" die Rede, wenn es darum geht, vermeintlich erfolgsrelevante Fähigkeiten und Eigenschaften von Funktions-, Leistungs- oder Erfolgsträgern zu identifizieren oder zu definieren. Das erweckt bzw. unterstützt leicht den Eindruck, dass Erfolg oder Misserfolg in erster Linie von der individuellen Abrufbarkeit dieser Faktoren und Fähigkeiten bestimmt würden. Eine recht verkürzte und vereinfachende Darstellung. Ich spreche in diesem Zusammenhang deshalb lieber von wichtigen Voraussetzungen und begünstigenden Faktoren und Bedingungen.

Welche Zutaten sind nun die richtigen für das Erfolgsrezept einer Selfmade-Karriere? Lässt sich eine Erfolgsstory erfolgreich planen, forcieren oder gar per „Coaching" herbeiführen? Ganze Heerscharen selbst ernannter und schamlos erfolgreich operierender sogenannter Erfolgstrainer, Seelenmasseure, Motivations-Gurus, Coaches oder Selbstoptimierungs-Einpeitscher verdienen sich goldene Pinocchio-Nasen mit halbseidenen Programmen und Trainingsangeboten.

Sie verkaufen erfolgreich die verführerische Illusion vom „Alles ist möglich, wenn Du es nur stark genug willst, und Dich genügend anstrengst". Damit gehören sie meist zur Riege derjenigen Selfmade-Typen, die nach unserem Verständnis den ganzen Tag schamesrot den Hummern Konkurrenz machen müssten, so abgekocht wie sie sind. Insofern taugen sie zumindest als abschreckende Beispiele für alle, die ein etwas substanzielleres Ideal eines selbstständigen, verantwortungsbewussten und nachhaltig erfolgreichen Daseins pflegen.

Besonders für die redlich Bestrebten sind bestimmte Informationen, Fähigkeiten und Faktoren von manchmal überlebenswichtiger Bedeutung, um sich im Wettbewerb auch gegen den teils unredlichen Rest behaupten zu können. Leider kann man sie sich nicht nach Do-it-yourself (neuzeitlich abgekürzt auch: DIY)-Manier im Baumarkt des Vertrauens zusammenkaufen, und wird nicht immer und zum richtigen Zeitpunkt beliebig über sie verfügen können. Wichtig ist zunächst einmal, sie überhaupt zu kennen.

Deshalb finden Sie im Folgenden eine Übersicht der wichtigsten Erfolgselemente, die ich, ohne Anspruch auf Vollständigkeit oder Objektivität, in meinem „Skill-Baukasten" für Sie zusammengefasst habe.

Ihre ausführliche Beschreibung, Charakterisierung und Einordnung findet sich im abschließenden Kapitel dieses Buches (ebook: per Strg-Klick springen Sie jeweils direkt dorthin).

>AUFGESCHLOSSENHEIT
Wenn ich selbst aufgeschlossen durch die Welt gehe, kann ich mehr geöffnete Türen wahrnehmen als verschlossene.

>AUGENMASS
Wenn der Blick verklärt oder getrübt ist, kann leicht das richtige Augenmaß verloren gehen.

>CHARME
Wenn man es mit Charme versucht, sollte man möglichst keinen scharfen Dobermann als Gegenüber haben. Oder aber den Charme eines Dobermann-Weibchens einsetzen.

>CHUZPE ODER GEWITZTHEIT
Wenn man nur gewitzt genug vorgeht, hat man oft sogar die Chance, sich den Respekt seiner ärgsten Widersacher zu verdienen.

>CLEVERNESS
Wenn es darum geht, dicke Kartoffeln zu ernten, geht das eher aufs Konto der Cleverness als das der Beschränktheit.

>EHRGEIZ
Wenn ich mit dem Ehrgeiz geize, kommt der Erfolg meist zu kurz. Bei zu viel Ehrgeiz bleibt oft genug die Ehre auf der Strecke.

>EINFÜHLUNGSVERMÖGEN
Wenn man sich in Personen, Prozesse und Situationen einfühlen kann, wird man die Welt besser verstehen - ebenso sich selbst.

>ENERGIE
Wenn man Energie investiert, dann am besten in einen Apparat, der sicher und möglichst effizient funktioniert.

>ENTSCHEIDUNGSFREUDE
Wenn man Entscheidungen nur um der Freude willen treffen würde, wäre es schnell aus mit der Entscheidungsfreude.

>ERFAHRUNG
Wenn man genug Erfahrung hat, bedeutet das, schon genug schlechte Erfahrungen gesammelt zu haben, um künftig hauptsächlich nur noch gute zu sammeln.

>FANTASIE
Wenn das Denkbare bereits gedacht ist,
führt uns die Fantasie zu bisher Undenkbarem

>FLEISS
Wenn Fleiß allein belohnt würde,
gäbe es nicht Milliarden Bienenvölker,
die man um die Früchte ihrer Arbeit betrügt.

>FLEXIBILITÄT
Wenn man sich nicht verbiegen lassen will,
muss man flexibel bleiben.

>FORTUNE
Wenn Fortuna keine Frau wäre,
würde das Glück sich vielleicht nicht
so launisch gebärden.

>FRUSTRATIONSTOLERANZ
Wenn Toleranz sich auszahlt, dann sicher
in Bezug auf die eigene Frustration.

>GEDULD
Wenn man auf Wunder wartet, wird man fast
immer vergeblich warten.

>HARTNÄCKIGKEIT
Wenn man hartnäckig genug ist,
kann man auch harte Nackenschläge
gut wegstecken.

>IDEEN
Wenn Ideen stark genug sind, wird ihre Zeit
unweigerlich irgendwann reif sein.

>IMPROVISATIONSTALENT
Wenn alles nach Plan läuft,
braucht man auch kein Improvisationstalent.
Aber wann läuft schon jemals alles nach Plan?

>INITIATIVE
Wenn man Initiative zeigt,
weiß man oft noch nicht, ob man mit gutem
oder mit schlechtem Beispiel voran geht.
Aber man geht immerhin voran.

>INNOVATIONSBEREITSCHAFT
Wenn wir schon immer alles so gemacht
hätten, wie wir es immer gemacht haben,
wären wir noch nicht einmal da, wo wir einst
angefangen haben, es anders zu machen.

>INSTINKT
Wenn man instinktiv das Richtige tut,
spricht man meistens von Intuition.
Tut man instinktiv das Falsche,
nennt man es Mangel an Intelligenz.

>INTELLIGENZ
Wenn Intelligenz geschätzt wird,
dann meist von Intelligenten.

>KAMPFGEIST
Wenn der „Spirit" stark genug ist,
muss man den Kampfgeist
nicht extra beschwören.

>KLUGHEIT
Wenn man klug genug ist, kann man
der Cleverness Paroli bieten.

>KNOW-HOW
Wenn das „Know-how" nicht ausreicht,
hilft oftmals das „Know-who" oder das
„Know-where" weiter. Denn man muss nicht
alles selbst wissen, solange man nur
jemanden kennt, der es weiß, oder zumindest
weiß, wo man es findet.

>KOMPETENZ
Wenn die Abwesenheit von Inkompetenz
bereits als Kompetenz gilt, wird jede Lösung
zum Problem.

>KONDITION
Wenn die Konditionen passen,
reicht meistens auch die Kondition.

>KONTAKTE
Wenn man schon keine Beziehungen hat,
sollte man wenigstens seine Kontakte pflegen.

>KONZENTRATIONSFÄHIGKEIT
Wenn man fähig ist, sich auf die richtigen
Dinge zu konzentrieren, kann man sich schon
von den falschen nicht ablenken lassen.

>KREATIVITÄT
Wenn wir Kreativität bewundern,
übersehen wir gelegentlich, dass sie oft
genug auf geglücktem Versuch oder
gnädigem Irrtum beruht.

>MENTOREN
Wenn man den Rat der Erfahrenen sucht,
wird man starke Unterstützung erfahren,
vorausgesetzt, man findet die wirklich
Erfahrenen.

>MOTIVATION
Wenn man sich selbst motivieren kann,
fällt es leichter, auch Andere zu motivieren.

>MULTIPLIKATOREN
Wenn man bestrebt ist, seine Möglichkeiten
zu vervielfachen, sollte man sich bewusst sein,
dass diese Möglichkeiten ebenso den Erfolg
wie das Scheitern beinhalten können.

>MUT
Wenn man den Mut hat,
hat man auch die Kraft.
Umgekehrt ist es nicht immer so.

>NACHHALTIGKEIT
Wenn man die Zukunft im Blick hat,
ist Nachhaltigkeit keine Garantie -
aber ein möglicher Orientierungspunkt.

>NEUGIER
Wenn die kreatürliche Neugier nicht wäre,
gäbe es weder Fortschritt noch Entwicklung.
Ohne die unstillbare Gier nach Neuem
gäbe es keinen Kapitalismus.

>OPTIMISMUS
Wenn Optimismus allein nicht ausreicht,
muss man eben noch Pragmatismus, Realismus und den Katechismus dazu nehmen.

>PERSÖNLICHKEIT
Wenn Persönlichkeit gefragt ist,
sind wahre Persönlichkeiten
schnell zu erkennen

>PRAGMATISMUS
Wenn ein Idealist auf einen Pragmatiker trifft,
sieht er ihn als Feind. Trifft ein Pragmatiker
auf einen Idealisten, sieht er ihn als lösbares
Problem.

>RESPEKT
Wenn es eine Währung von Bestand gibt,
dann ist es wechselseitiger Respekt,
den man sich redlich erworben hat.

>RISIKOBEREITSCHAFT
Wenn man Risikobereitschaft an den Tag legt,
sollte sie sich auf eigene Risiken beschränken.

>SELBSTDISZIPLIN
Wenn die Königsdisziplin der Führung
beherrscht werden will, muss man ihr die
Tugend der Selbstdisziplin voranstellen.

>SELBSTVERTRAUEN
Wenn man sich selbst nicht vertrauen kann,
warum sollten Andere dies tun?

>SPARSAMKEIT
Wenn man nur klug und sparsam genug lebt
und wirtschaftet, kann man es sich gut leisten,
sich weniger zu leisten.

>STRATEGIE
Wenn man schon keinen Plan hat, sollte man
wenigstens „strategisch gut aufgestellt" sein.

>TALENT
Wenn ein Talent nur ein Talent bleibt,
ist es jedes Mal eine kleine Tragödie.

>TIMING
Wenn Zeit Geld ist, ist der richtige Zeitpunkt pures Gold wert.

>TRÄUME
Wenn Träume ausgeträumt sind,
hat man die Möglichkeit, sie zu verwirklichen -
oder sie ein für alle Mal zu verwerfen.

>ÜBERZEUGUNGSKRAFT
Wenn man selbst nicht hundertprozentig
überzeugt ist, wie will man dann
Andere überzeugen?

>UNVERFRORENHEIT
Wenn man unter den Bedingungen einer
Polarexpedition arbeitet,
ist Unverfrorenheit eine nützliche Tugend.

>VERANTWORTUNGSBEWUSSTSEIN
Wenn man zu seiner Verantwortung steht,
wird man selten zur Verantwortung
gezogen werden müssen.

>WEITBLICK
Wenn man zu weit voraus schaut, kann man über das Naheliegende stolpern.
Wenn man nur die Nahperspektive kennt, kann man keine Ziele ansteuern.

>ZIELE
Wenn man ein Ziel zu nah vor Augen hat, kann man manchmal den Horizont nicht mehr sehen.

Angesichts der beeindruckenden, ja fast schon einschüchternden Auflistung dieser über 50 Faktoren kann man geneigt sein, mehrere Schlussfolgerungen zu ziehen:

1. (Erfolg)reich zu werden ist nicht ganz Ohne.

2. Wer diese Voraussetzungen und Faktoren tatsächlich zu großen Teilen mitbringt oder gar erfüllt, braucht sich seines Erfolges und Reichtums sicher nicht zu schämen. Also: Kein Grund rot zu werden! Es sei denn, man setzte seine Talente und Fähigkeiten auf parasitäre Art für kriminelle oder rein spekulative Gewinnerzielung ein (was oft genug ein- und dasselbe ist), die alles schafft, nur keinen echten Mehrwert oder Nutzen – außer natürlich für den Spekulanten selbst sowie für seine ruchlo-

sen Komplizen und Helfershelfer. Denn wer uns allen Ernstes weismachen will, dass Geld arbeitet, oder gar Geld verdienen kann, (*„Lassen Sie einfach Ihr gutes Geld für sich arbeiten!"*) ist schon ein besonders dummdreister Zeitgenosse. Und wer ihm Glauben schenkt, hat es, im Sinne des Wortes, nicht besser verdient. Wie erklärte doch so schön jener windige Anlageberater seinem Kunden den Verlust: *„Ihr Geld ist nicht weg – es ist jetzt nur woanders!"* Das sagen solche Leute, ohne rot zu werden. Sie können das, weil ihnen jegliche Skrupel fehlen, ebenso wie ihnen jedes Gefühl für Anstand und, ja: Redlichkeit fremd ist. Von solchen Existenzen soll hier explizit nicht die Rede sein. Wir wollen lieber von Menschen erzählen, die stolz jeden Cent präsentieren können, den sie je in ihrem arbeits- und oft entbehrungsreichen Leben erwirtschaftet, oder besser: verdient haben.

3. Selbst ohne Reichtum und Erfolg könnte das Leben womöglich auch ganz spannend und zufriedenstellend sein? Denkbar, aber keine diskutable Alternative für echte Selfmade-Typen, die es wirklich wissen wollen.
Also weiter im Text, wenn Sie dazu gehören möchten!

„Nur" erfolgreich, oder: mit Erfolg reich?
Sieben aufschlussreiche Beispiele

Der Antrieb wie der Wille, selbstständig und eigenverantwortlich sein Leben und seine Möglichkeiten in die Hand zu nehmen, ist bei jedem Individuum unterschiedlich stark ausgeprägt. Ebenso individuell haben wir uns die Zielvorstellungen und Strategien vorzustellen, mit denen ein wirtschaftlich selbstständiges Dasein verfolgt wird. Nicht immer und ausschließlich wird der Selfmademann/die Selfmadefrau vom rein materiellen Streben nach schnödem Reichtum getrieben sein. Ebensowenig sind derartige Ambitionen zwangsläufig von der Idee getragen, irgendwann ein globales Imperium schaffen zu wollen.

Auch ein reiner Einzelkämpfer oder eine Einzelkämpferin kann seine/ihre unternehmerischen Ziele erreichen und durchhalten. Dennoch wohnt jedem noch so bescheidenen Anfang in irgendeiner Garage das Potenzial zum Weltkonzern inne. An spektakulären Beispielen – von Bosch, Porsche oder Würth über Harley Davidson bis Apple, Facebook und Konsorten – herrscht kein Mangel.

Der Aspekt der Eigendynamik ist bei jeder unternehmerischen Initiative einfach nicht abzuschätzen – oft genug zur nicht geringen Überraschung der Initiatoren oder Unternehmer selbst. Durchaus nicht alle sind als Visionäre einer Aktiengesellschaft oder eines Weltkonzerns gestartet, sondern hatten anfangs vielleicht ganz bescheidene Ideen, Absichten oder Zielvorstellungen.

Gerade wegen dieser Unwägbarkeiten (im Positiven wie im Negativen) lesen sich die Schlüsselstories oder auch ganze Werdegänge solcher Biografien oftmals geradezu märchenhaft, zumal jedes Selfmade-Modell nach anderen Regeln zu funktionieren scheint, und der Erfolg für jeden Protagonisten eine ureigene Ausprägung und Wertigkeit besitzt. Im Folgenden werden wir deshalb eine kleine, gewiss nicht repräsentative, Bandbreite solcher Beispiele präsentieren.

Interessanter Weise haben sich bisher fast alle vom Autor kontaktierten Erfolgsmenschen bekannteren Zuschnitts, so weit sie dem hier zugrunde gelegten Raster entsprechen, einer persönlichen Befragung verweigert. Man mag dies als Zeichen bescheidener Selbstbeschränkung werten, oder auch als berechtigtes Interesse, sich nicht in die Karten schauen zu lassen. Vielleicht ist es aber auch ein Beleg für die weiter oben zitierte Einschätzung Richard Fords.

Wie dem auch sein mag: Jede Ähnlichkeit mit tatsächlichen Personen oder Unternehmen, so weit sie mit ihren vollständigen Namen benannt sind, ist daher nicht nur vorsätzlich, sondern orientiert sich so authentisch wie irgend möglich an der verfügbaren Faktenlage. Die übrigen Personen und Unternehmungen sind dem Autor persönlich bekannt, und wurden – entweder auf Wunsch der Betreffenden, oder auf Grund nicht hinlänglich abgesicherter oder unvollständiger Informationslage, bzw. im Interesse einer gewissen literarischen Optimierung – teilweise etwas verfremdet und anonymisiert.

I. Spielerische Anfänge

Das erste Beispiel gibt ein persönliches Erlebnis des Autors wieder, das als ursächlich für sein weiteres Interesse an der Thematik sowie am Werdegang und den Biografien von Selfmade-Persönlichkeiten generell betrachtet werden kann. Gleichzeitig wirft es ein Schlaglicht darauf, wie weit die Frühphase eines solchen Werdegangs von konventionellen Vorstellungen und Wegen entfernt sein – und dennoch, oder vielleicht gerade deswegen – auf die Erfolgsstraße münden kann.

Beispiel 1|
Das Kaulquappen-Konzept, oder die Aussicht auf 500,- Stundenlohn

Während meiner Studienzeit, die eingestandener Maßen ungebührlich lange währte (besonders, wenn man die Quotientengleichung aus Studienfächern, Zukunftsaussichten und Studienerfolg bildet, wozu allerdings einige hoch vertrauliche, und aus gutem Grund bis heute nur dem Autor selbst bekannte Variablen nötig sind), war ich gezwungen, meinen bescheidenen Lebensunterhalt zu 80% selbst zu bestreiten, der Rest floss mir aus der kargen Quelle der staatlichen (nicht: stattlichen!) Bundesausbildungsförderung sowie elterlicher Unterstützung zu. Auch ohne den strapaziösen Mehrfachbelastungen junger Elternschaft, politischer Karriereplanung oder gar plagiativem Dissertationsstress á la Guttenberg ausgesetzt zu sein, brachte mich dies schon früh an den Rand meiner Leistungsfähigkeit. Ein untrügliches Indiz, dass ich für den gängigen oder gar den höheren Karriere- und Leistungskanon ohnehin nie wirklich geschaffen war. Allerdings ahnte ich das zu jener Zeit, in der ich sorgsam mit meinen Kräften haushielt und viel und häufig schlief, noch nicht, sondern glaubte fest an meine selbstbestimmte und erfolgreiche Zukunft.

In den unvermeidlichen Wachphasen fand ich mich natürlich auch an der Uni ein, und belegte gelegentlich auch das eine oder andere weiterführende Seminar. So weit es sich um fakultätsübergreifende Pflichtveranstaltungen (z.B. Statistik) handelte, konnte es durchaus geschehen, dass Studenten eher zwangsweise benachbarter Fachrichtungen wie Soziologie und Wirtschaftswissenschaften sich hier als Seminarkollegen begegneten.

Entsprechende Vorurteile wurden auf beiden Seiten hingebungsvoll gepflegt (*„Wer nix wird, wird Betriebswirt!" „Besser Freimaurer-Loge als Soziologe!"*), zumal man sich bereits am Habitus jeweils meist schon von Ferne erkannte. Die mit den schwarzen Business-Köfferchen übten ganz offensichtlich schon ihr Rollenmodell für die sichere Karriere an der Wallstreet, mindestens aber in der Vorstandsetage einer AG ein, während die Vertreter der „-ogen"-Fraktion sich unschwer als Vorläufer der Ökobewegung oder als verspätete Hippie-Adepten einordnen ließen.

Umso seltener ergab es sich, dass zwischen den Protagonisten dieser Studien-Parallelwelten ein entspannter oder vorurteilsfreier Kontakt zustande kam, der über rein fachliche Fragen hinausging.

Ich selbst hatte das Glück, meine ebenfalls eingeschränkte Weltsicht in Bezug auf einen bemerkenswerten Kommilitonen zu revidieren, der mir zunächst dadurch unangenehm ins Auge gestochen war, dass er stets mit einem 911er Porsche an die Uni gefahren kam. Nicht, dass ich etwas gegen diesen Inbegriff des deutschen Supersportwagens einzuwenden gehabt hätte – im Gegenteil. Es war der reine Neid auf diesen vermeintlich neureichen Fatzke oder Berufssohn, der ihn mir auf Anhieb unsympathisch machte. Denn natürlich konnte er nach meiner schnell gefassten Überzeugung nur auf diese Art zu einem solchen Boliden gekommen sein.

Zu meiner nicht geringen Überraschung gebärdete sich der Bursche im Seminar jedoch keineswegs als eingebildeter Laffe, sondern als intelligenter und kameradschaftlicher Mitstudent, der bereitwillig und ohne jeden Dünkel sein Wissen teilte. So kam es dann, dass wir eines Tages doch ins Gespräch kamen, das ich als Autofan mit unglücklicherweise begrenztem Budget fast zwanghaft auf seinen Porsche lenkte. Er gab auch hier bereitwillig und entspannt Auskunft, und wir fachsimpelten ein wenig, wenn auch eher auf dem Niveau von Yachtbesitzer zu Tretbootfahrer.

Schließlich konnte ich mir die Frage doch nicht verkneifen, wie er das denn finanziere, so als Student, oder ob es doch der Wagen seines Vaters sei. Diese Idee wies er dann doch fast empört zurück, seinen Vater habe er nie kennen gelernt, und seine Mutter komme gerade so über die Runden, manchmal unterstütze er sie sogar ein wenig finanziell. Nein, den Porsche hatte er komplett selbst finanziert (es war ein gebrauchter), auch lebe er sonst, bis auf die Garderobe, sehr studentisch bescheiden bei einer Großtante im Westerwald. Mir blieb buchstäblich das Maul offen stehen angesichts dieser Eröffnungen, zumal ich selbst immer gerade so über die Runden kam mit meinem Wochenendjob und den unsicheren und meist kümmerlichen Einkünften während der Semesterferien.

„Muss ein verdammt lukrativer Job sein, den Du da hast!", konnte ich mir nicht verkneifen zu sagen.

„Jau. Wenn's gut läuft, komme ich an guten Tagen auf einen Satz von bis zu 1.000,- DM". Das sagte dieser Bursche so beiläufig, als würde er über den Verbrauch seines Porsche reden. Ich war fertig mit der Welt, und fragte nicht weiter, was er denn da am Laufen hatte.

Aus meiner Sicht gab es nur eine gewisse Bandbreite an Möglichkeiten: Entweder war er mit dieser Richard Gere-Nummer aus „American Gigolo" unterwegs. Aber selbst wenn er der Mega-Herzensbrecher vereinsamter Frankfurter Millionärsgattinnen aus dem Taunus sein sollte, erschien mir der genannte Tagessatz doch recht utopisch. Also konnte er wohl nur erfolgreich an der Börse spekulieren, ein paar Mädels laufen haben, oder mit Drogen dealen.

Alles erschien mir gleicher Maßen verwerflich, weshalb ich nicht weiter fragte. Insgeheim jedoch ließ mich die Sache nicht los, und ich beschloss, ihm bei passender Gelegenheit doch etwas genauer auf den Zahn zu fühlen.

Die Auflösung seines faszinierenden Erwerbsgeheimnisses werde ich Ihnen natürlich nicht vorenthalten, zumal sie für mich der Anlass war, künftig gezielt den Hintergründen solcher Selfmade-Erfolgsstories nachzuspüren. Schließlich bestand ja zumindest theoretisch die Möglichkeit, von diesem Wissen zu profitieren, und eines schönen Tages selbst einen ähnlichen Erfolgscoup landen zu können. Darüber an anderer Stelle gerne mehr, jetzt will ich zunächst die wirklich erstaunliche Geschichte meines Mitstudenten für Sie zu Ende erzählen:

Eines schönen Nachmittags, als wir nach einem Seminar gemeinsam zum Parkplatz gingen, und ich unsere Autos dort fast nebeneinander stehen sah, konnte ich dann nicht mehr an mich halten.

„Wie kann es sein, dass es bei mir bloß zu einem alten abgewirtschafteten Opel reicht, und Du fährst hier im Porsche vor?" brach es förmlich aus mir heraus. Er grinste, zögerte kurz und sagte:

„Wenn Du das wirklich wissen willst, kannst Du mich heute Abend im Sportcafé treffen. Aber zieh' Dir bitte ein Sakko an, wenn Du eins hast – und gute Schuhe mit passenden Socken, das ist wichtig. Krawatte brauchst Du keine. So gegen Elf!" Sprach's, schwang sich hinters Lenkrad und verschwand mitsamt seinem Porsche in einer imponierenden Staubwolke.

Natürlich war ich dort, schon eine halbe Stunde vor der vereinbarten Zeit, und fühlte mich nicht wirklich wohl in meinem ungewohnten Outfit.

Das Sportcafé war tagsüber eigentlich eher ein Studentenladen, aber je später es wurde, desto mehr gestyltes Volk fand sich ein, sodass ich in meinem Sakko ohnehin nicht weiter auffiel.

Kurz nach der vereinbarten Zeit sah ich meinen Kollegen durch die Gäste auf mich zusteuern. Er war betont lässig, aber sehr elegant gekleidet, frisch frisiert, und wirkte etwas dandyhaft auf mich. Noch bevor ich darüber irgendwelche Spekulationen anstellen konnte, signalisierte er mir, dass wir gehen sollten. Ich zahlte meinen Kaffee und folgte ihm hinaus zu seinem Auto, das er frech in zweiter Reihe geparkt hatte.

Beim Einsteigen sagte er: „Vorsicht, bitte senkrecht halten!" und reichte mir einen zylindrischen, in Geschenkpapier eingewickelten Gegenstand, der auf dem Beifahrersitz gestanden hatte. Verdattert schnallte ich mich an, und nahm das Ding auf den Schoß. Es war kühl und schwer und gab glucksende Geräusche von sich, als sich der Wagen in Bewegung setzte. Komisches Geschenk. Die Sache wurde langsam mysteriös, zumal mein Begleiter jetzt zielgerichtet in die Frankfurter Innenstadt fuhr.

Bisher hatten wir noch nicht viel gesprochen, als er mich fragte: „Warst Du schon 'mal im Kronberger Hof?" Klar hatte ich schon von diesem Nobelschuppen gehört, aber war natürlich nie im Leben dort gewesen, wozu auch? Lief das Ganze womöglich doch auf so eine Gigolo-Nummer hinaus?

„Ziemlich noble Adresse!" sagte ich nur, und versuchte, neutral dabei zu klingen. „Da gibt es eine gute Bar" meinte er, „und da gehen wir jetzt hin. Versuch'

Dir einfach vorzustellen, Du wärst ein arroganter Schnösel, Bankierssohn oder so, und hättest jede Menge Kohle. Wie viel hast Du dabei?"
Erschrocken überschlug ich meine Barschaft, aber mehr als fünfzig DM hatte ich wohl nicht einstecken.

„Okay, sagte er, das sollte für ein oder zwei Drinks reichen." Na super. Was hatte der bloß vor? Mich an einem einzigen Abend in den Ruin zu treiben?

„Da gibt's doch keine Spielbank, oder?" fragte ich misstrauisch. „Keine Angst! Außerdem hättest Du Dir dafür einen Schlips umschnallen müssen!" Er hatte schon wieder dieses selbstgewisse Grinsen im Gesicht, das mich langsam zu nerven begann.

„Nein, im Ernst, Du kannst ganz locker bleiben, egal was passiert. Keiner kennt Dich dort. Tu' einfach so, als sei es das Selbstverständlichste der Welt dort zu sein, und vor allem – sei blasiert. Das heißt: nichts und niemand auf Erden kann Dich wirklich überraschen oder gar beeindrucken. Kriegst Du das hin?"

„Werd's versuchen!" brummelte ich, während wir schon am beeindruckenden Entree des Hotels vorfuhren. Kaum stand der Porsche, war sein Fahrer auch schon mit elastischem Schwung aus dem Auto, und überließ dem beflissen herbeigeeilten Portier mit nachlässiger Geste den Schlüssel. Ich brauchte etwas länger beim Versuch, mit meinem glucksenden Zylinder entsprechend locker aus dem Sitz in die Senkrechte zu kommen.

„Nimmst Du bitte das Geschenk?" Mit dieser rhetorischen Frage eilte mir der Kerl voraus und enterte forschen Schrittes das Foyer. Zielgerichtet steuerte er auf die dezent ausgeleuchtete Bar zu, die sich im rückwärtigen Bereich befand. Er verlangsamte sein Tempo, und gab mir so Gelegenheit, zu ihm aufzuschließen.

„Perfekt" raunte er mir zu - „hier ist gerade ein Kongress" - und wies mit dem Kopf auf ein entsprechendes Schild hin, das die Teilnehmer zum „Jahresmeeting der Zeltow-System-Vertriebsgesellschaft" willkommen hieß. Ich nahm es mit blasierter Miene zur Kenntnis und folgte ihm an den schweren Tresen der gut besetzten Bar. Mit geübtem Blick hatte er eine Lücke zwischen den Bargästen erspäht und schickte sich an, sie unverzüglich zu besetzen.

„Warte, ich nehm' dir das ab!" sagte er zu mir, nahm mir den Geschenkzylinder aus den Händen, und stellte ihn auf dem Tresen zwischen den Gläsern ab. Dabei riss er, anscheinend unabsichtlich, das Geschenkpapier etwas ein, was ihn aber nicht weiter zu bekümmern schien. Dort, wo das Papier eingerissen war, konnte ich nun sehen, dass es sich offenbar um einen Glaszylinder handelte, der mit irgendetwas gefüllt war. Was sollte das? War da womöglich Nitro drin, wollte der Typ hier vielleicht eine Geiselnahme mit Bombendrohung veranstalten?

„Was nimmst Du? Auch einen Americano, ist das für Dich O.K.?" Ohne meine Antwort abzuwarten, gab er die Order an den Barkeeper weiter, und besetzte einen Hocker, der gerade frei geworden war.

Entspannt musterte er die übrigen Gäste, die mehrheitlich Kongressteilnehmer in recht gehobener Stimmung zu sein schienen. Dann blieb sein Blick kurz am Konzertflügel in der Mitte des Raumes hängen, hinter dem halb verborgen der Barpianist saß. Er winkte ihm kurz zu, die beiden schienen sich zu kennen. Mit zufriedenem Blick nahm er dann die Drinks entgegen, und reichte mir meinen mit einem Zwinkern weiter.

„Cheers!" Selbstverständlich wusste ich, was ein Campari-Soda ist, aber zuvor hatte sich für mich noch nie die exklusive Gelegenheit ergeben, ihn sozusagen in seinem standesgemäßen Umfeld und unter seinem „offiziellen" Barnamen zu genießen.

Wir tranken, und machten einer jungen Dame Platz, die an den Tresen wollte, um etwas zu bestellen. Direkt vor Ihrer Nase stand das verpackte „Geschenk", was sie spontan zu der Bemerkung veranlasste:

„Oh, ist das etwa für mich?"

„Nun, leider nicht direkt, aber wenn ich wüsste, dass ich Ihnen damit eine Freude bereiten kann, würde ich es Ihnen gerne schenken!" erwiderte galant mein Begleiter.

„Wirklich?" lachte sie ungläubig - „was ist denn drin – eine schöne Vase vielleicht?"

„Gar nicht so schlecht geraten!" Charmant lächelnd fuhr mein Bekannter fort: „Tatsächlich ist es ein Geschenk für einen Freund von mir mit, sagen wir, etwas extravaganten Ansprüchen. Aber leider konnte ich es ihm nicht mehr geben - wie ich gerade erst erfahren habe, ist er für die nächsten Monate geschäftlich verreist." Auch ich hatte seine Ausführungen aufmerksam verfolgt, waren diese Informationen für mich doch ebenso neu wie für die junge Frau.

„Sie machen mich wirklich neugierig!" sagte sie. „Was ist denn nun drin, wenn's keine Vase ist?"

Jetzt tat mein Bekannter recht geheimnisvoll.
"Wollen Sie's nicht aufmachen?"
Beiläufig spielte er mit dem eingerissenen Papierzipfel.
"Wenn's Ihnen gefällt, dürfen Sie es behalten. Wenn nicht, dürfen Sie aber auch nicht erschrocken davonrennen oder so, okay?"
Jetzt zeigten sich widerstreitende Gefühle im Gesicht der jungen Dame. Offensichtlich verunsichert, betrachtete sie den Gegenstand mit einer Mischung aus Misstrauen und Neugier, als ihre Getränke angereicht wurden. Sie nahm sie entgegen, lächelte schelmisch und ließ uns stehen.
"Geht nicht weg, ich komme wieder, ja?" flötete sie im Weggehen. Wir sahen, wie sie auf einen der Tische weiter hinten zusteuerte, wo mehrere Gäste saßen. Dort begann sie mit einer anderen Frau zu tuscheln. Sie schauten mehrfach zu uns herüber, was schließlich auch die Aufmerksamkeit der anderen Leute an ihrem Tisch, ausnahmslos Männer, zu erregen schien.
"Jetzt kommt's drauf an!" hörte ich meinen Begleiter raunen. Und tatsächlich kamen die beiden Grazien jetzt zielstrebig auf uns zugesteuert. Ihre Freundin sagte kurz "Hallo", und unterzog erst uns beide, dann das Teil auf dem Tresen einem skeptischen Blick:
"Ein Geschenk also, hhm? Und wo ist der Haken?"
"Überhaupt gar kein Haken" erwiderte mein Freund amüsiert. So ganz allmählich wurde ich echt neugierig, worauf das hinauslaufen sollte – vielleicht eine ganz neue und abgefeimte Art von Tupperparty? Die Lady, ein bisschen älter als wir, hatte wohl beschlossen, dass von uns keine direkte Gefahr ausging, aber sie wollte

es doch noch genauer wissen. „Keine Verpflichtungen also für irgendjemanden. Ist es denn wertvoll?"

„Für den, der es zu schätzen weiß", sagte mein Freund ernst, „hat es durchaus erheblichen Wert. Aber das ist wohl in erster Linie Geschmackssache."

„Aber wenn es wertvoll ist, warum wollen Sie's dann unbedingt verschenken?" Wieder lächelte er.

„Das ist es ja gerade. Ich wollte einem Geschäftsfreund dieses Geschenk machen, kann es ihm aber nicht mehr geben, weil er überraschend für längere Zeit projekthalber ins Ausland verreist ist. Ich selbst kann weiter nichts damit anfangen, und bis er zurückkommt, ist es dafür leider zu spät. Da kam Ihre nette Freundin hier und fragte, ob das Geschenk vielleicht für sie wäre, und ich habe gesagt: Machen Sie's auf!"

Hier schaltete sich wieder die Erste ein: „Also kann ich es behalten, muss aber nicht, wenn's mir nicht gefällt?" „Ganz genau so." bestätigte mein Freund mit einem Nicken. Das schien auch die Freundin zu überzeugen. „Los, mach's auf!" sagte sie. Daraufhin wollte die Erste sich gerade anschicken das Papier aufzureißen, als die Andere ihr in den Arm fiel.

„Halt! Es ist doch nichts Illegales, ich meine, es ist doch kein Diebesgut oder so?" fragte sie uns mit großen Augen. Jetzt hatte mein Begleiter ein breites Schmunzeln im Gesicht.

„Nichts, worüber Sie sich Sorgen machen müssten. Ich steh' für alles gerade."
Unser kleines Spektakel hatte jetzt schon die Aufmerksamkeit einiger der umstehenden Gäste geweckt, die den letzten Worten unseres Gesprächs gefolgt waren.

„Komm' Määdsche, jetz' mach's net so spannend, un' ropp' des Ding halt uff!" Diese aufmunternde Aufforderung eines offenbar schon leicht angesäuselten einheimischen Gastes ließ sich die Angesprochene nicht zweimal sagen, und riss entschlossen das Geschenkpapier herunter. Zum Vorschein kam ein Glaszylinder, etwa von der Höhe eines Weizenbierglases, der wie ein Laborglas aussah. Oben war der Behälter mit einem Deckel aus weißem Kunststoff verschlossen.
Er war etwa zu zwei Dritteln mit Wasser befüllt, in dem anscheinend kleine schwarze Fische schwammen.

„Oh, das sind ja Fische!" sagte entgeistert die junge Frau. „Fische?!" fragte ihre Freundin. „Ei, des sinn' ja Fisch!" sekundierte der Frankfurter, und blickte etwas glasig in die Runde. „Fische also" dachte ich.

Das Ganze wurde immer kurioser. Als habe man gerade einen Tabledance auf dem Bartresen angekündigt, drängten sich jetzt mehrere Gäste heran, um einen Blick auf die Enthüllung zu erhaschen. Wie ich aus den Augenwinkeln sehen konnte, waren auch die Begleiter der beiden Frauen aufgestanden und blickten von ihrem Tisch herüber.

Ich konzentrierte mich darauf, weiterhin blasiert und unbeteiligt zu wirken, und musterte gleichgültig das Gefäß. „Fische, na und? Aber gewiss nicht irgendwelche Fische, oder?" hörte ich mich selbst zu meiner eigenen Überraschung gelangweilt fragen.

Wie auf ein Stichwort drehten sich alle Köpfe erwartungsvoll zu meinem Freund, der nun erklärte:

„In der Tat handelt es sich hierbei um eine recht seltene Art der Gattung Ranida!"

Genauso gut hätte er uns eröffnen können, dass Franz Kafka Franziskaner war, so lebhaft wurde seine Äußerung aufgenommen. Ins allgemein spürbare Unverständnis hinein ergänzte er deshalb:

„Das sind keine Fische, sondern Amphibien." Und nach einer weiteren kurzen Kunstpause: „Kaulquappen, um genau zu sein."

„Kaulquappen? Iiih, wie süß!" quietschte jetzt die jüngere der beiden Frauen, und näherte ihr Näschen sachte dem Glas, um die Bewegungen der kleinen Paddler genauer in Augenschein zu nehmen. Ihr plötzlicher emotionaler Ausbruch steigerte die Neugier der Umstehenden noch, die sich nun alle weiter herandrängelten, um auch einen Blick darauf zu erhaschen.

„Aber warum um alles in der Welt verschenkt denn einer Kaulquappen?" wollte jetzt die Ältere wissen. Berechtigte Frage, wie ich fand. Wieder lächelte mein Freund amüsiert:

„Naja, wenn man so will, dreht es sich dabei um eine Art Delikatesse!"

„Iiigitt, die wollen Sie doch wohl nicht etwa essen?!" ließ sich nun wieder die Jüngere vernehmen.

„Nein, ich will die bestimmt nicht essen, aber Feinschmecker wie mein Geschäftsfreund zahlen dafür in bestimmten Restaurants Höchstpreise."
Noch ohne eine Reaktion abzuwarten, fuhr er fort:

„Allerdings sind diese Tierchen hier dann ausgewachsene Frösche, und verzehrt werden auch nur ihre zart knusprig zubereiteten Schenkel."

„Froschschenkel, ei Pfui Deibel, des is doch escht pervers! Des is' was für de Franzoos!" machte sich da spontan der Frankfurter Gast Luft. „Ja, wie gemein, die armen wehrlosen Fröschlein!" empörte sich auch die junge Frau.

„Mein Geschäftsfreund, der übrigens deutscher Landsmann ist, hat mir versichert, dass sie nicht zu leiden haben bei der Zubereitung. Außerdem sollen sie vorzüglich schmecken – so ähnlich wie ein ganz zartes Hühnchen. Ich habe es allerdings selbst noch nicht probiert." versuchte nun mein Bekannter die Situation zu entschärfen. Angelockt durch den kleinen Disput waren jetzt auch die Begleiter der Damen auf den Plan getreten, und versuchten dem Dialog zu folgen.

„Verstößt das nicht überhaupt gegen das Tierschutzgesetz?" begehrte nun wieder die ältere der beiden Ladies zu wissen. In puncto Gesetzestreue nahm sie's anscheinend recht genau. „Naja, wir haben es hier sozusagen mit einer Grauzone zu tun." erläuterte der Gefragte jetzt. „Der Südasiatische Reisfrosch, um den es hier geht, fällt unter das internationale Artenschutzabkommen, und darf eigentlich weder importiert noch gehandelt werden."

„Aha, da haben wir's!" trumpfte die Dame jetzt auf, „also doch illegal - und sowas wollen Sie einer arglosen jungen Frau unterjubeln!"

„Moment, es geht noch weiter", unterbrach sie mein Freund: „Kaulquappen sind aber eben noch keine Frösche, sondern eine andere Entwicklungsstufe. Und dafür gibt es keine gesetzliche Regelung, zumal die genaue Spezies in diesem Entwicklungsstadium nur schwer zu bestimmen ist. Das macht sie auch so wertvoll, weil man damit natürlich eine eigene Zucht beginnen könnte." „Klingt ja interessant!" mischte sich jetzt einer der Herren vom Damentisch ein, „und was sind Ihre Viecher da in dem Glas jetzt schätzometrisch wohl so wert?"

„Gehen Sie 'mal von 20,- DM pro Tier aus, in dem Glas sind 10 Stück, macht also ca. 200,- DM!" Der Mann gab einen beeindruckten Pfiff von sich. „Ganz schön teurer Cocktail, das!"

„Fehlt blooß noch des Hüüt'sche unn e bissie Eis!" amüsierte sich der Frankfurter Zecher.

„Lustige Idee" erwiderte spontan mein Freund, „warten Sie mal." Er winkte den Barkeeper heran, und ließ sich eine Orangenscheibe und eines der bunten Cocktail-Papierhütchen geben. Dann schraubte er den Deckel vom Glas und klemmte die Verzierung an den Rand. „Voilà – die neueste Kreation des Hauses – der Ranida Special!" Mit diesen Worten streckte er der jungen Dame das Glas hin. Sie wich angeekelt zurück.

„Sie machen wohl Witze! Das können Sie schön selber behalten!" schmollte sie beleidigt. „Schade, Sie möchten das Geschenk also nicht annehmen", sagte amüsiert mein Freund, und drehte sich in die Runde.

„Jemand anderes vielleicht?" Er erhob sich leicht aus seinem Barhocker, um das Glas auch den anderen Leuten in der zweiten Reihe zu zeigen. „Ranida Special – der einzige Drink, der Sie schlagartig nüchtern werden lässt!" witzelte er. Dabei schwenkte er das Glas sachte um die eigene Achse, als ob er vorsichtig einen Drink mixte. Die Kaulquappen schwammen aufgeregt hin und her. „Hören Sie schon auf, Sie Tierquäler!", sagte die andere Dame, aber sie musste dabei lächeln.

„Immerhin ein wirklich gehaltvoller Cocktail", versuchte es mein Freund jetzt nochmals in Richtung des Mannes, der ihn überhaupt erst auf die Idee gebracht hatte. Mir fiel auf, dass er einen völlig geschmacklosen Schlips um hatte. „Möchten Sie ihn nicht wenigstens 'mal kosten?" „Scherzkeks", sagte der Angesprochene nur, und ergänzte in Richtung seiner Kumpels:

„Da müsste mir einer schon mehr als 200,- anbieten, dass ich das mache!"

„Das ist ja pervers!" sagte die junge Dame. „Die armen Tierchen!" „Nicht viel perverser, als Froschschenkel zu essen, oder?", meinte mein Freund leichthin.

„Net fer Geld!" ließ sich jetzt auch der Frankfurter wieder vernehmen. „Für Geld machen Leute die komischsten Sachen." sagte mein Freund, und schnupperte versonnen an seinem Glas.

„Net fer noch mää Geld!" bekräftigte der Einheimische, und nahm einen herzhaften Schluck aus seinem Bierglas.

„Trink's doch selber!" rief jetzt einer von weiter hinten. „Ja, austrinken!" sekundierte ein Zweiter. Mittlerweile konzentrierte sich die Aufmerksamkeit der halben Bar auf unsere Gruppe am Tresen. Mir wurde leicht mulmig zumute. Scheinbar beiläufig wandte sich mein Studienkollege wieder dem Mann mit dem Schlips zu:

„Würden Sie's denn machen für ...", hier machte mein Freund eine bedeutungsschwere Pause, „sagen wir 300?" wollte er von seinem Gegenüber jetzt wissen. Der fühlte sich bei seiner Ehre gepackt, obwohl er das Angebot einen Moment lang zu erwägen schien.

„Das ist doch keine seriöse Wette, ich meine, das ist doch einfach kindisch ..." versuchte er sich aus der Affäre zu ziehen. Der erwartete Rückhalt seitens seiner Begleiter blieb aber aus. Sie schauten aufmerksam vom Einen zum Anderen.

„Wieso, ich biete Ihnen 300,- wenn Sie diesen Spezial-Cocktail austrinken, was ist daran unseriös?" lächelte mein Freund, und hielt das Glas gegen das Licht. Die Quappen tanzten. Dann tunkte er seinen Zeigefinger ins Wasser und leckte ihn ab. „Schmeckt ganz neutral", sagte er harmlos, und ergänzte: „Aber wenn man keine Froschschenkel mag ..."

„Das ist doch eklig" schauderte die junge Dame, „hören Sie doch auf!"

„Wieso, ich fange gerade erst an!", grinste mein Freund gönnerhaft, und zwinkerte ihr schelmisch zu.

„Okay. Sie wollen eine seriöse Wette? Ich biete Ihnen eine seriöse Wette!" trumpfte er jetzt auf, und fixierte dabei den Schlipsträger. „Sie machen es nicht für 300?" Auf die rhetorische Frage reagierte der Krawattenmann nicht, deshalb legte mein Freund nach:

„Wie wär's, wenn ich Ihnen sage, ich mache es. Aber nicht für 300, auch nicht für 500, sondern für:...... 50,- ? Und zwar das ganze Glas. Auf Ex. Mit allen Quappen drin!" Die letzten Sätze hatte er laut in die Runde gesprochen, so dass auch die Hinterbänkler es mitbekamen. Dabei hielt er das Glas in die Höhe wie ein Champion seinen Pokal. Die Leute schwiegen verblüfft. „Und wenn ich es nicht schaffe ...", setzte er bedeutungsvoll hinzu, „...kriegen Sie die doppelte Summe von mir! Ist das vielleicht eine seriöse Wette für

Sie?" Die letzte Frage hatte er wieder direkt an den Schlipsträger gerichtet. Der taumelte etwas wie ein angeschlagener Boxer. „Eine Wette also, und den doppelten Einsatz zurück, wenn Sie's nicht schaffen!" wiederholte er etwas blöde. „Genauso." bestätigte mein Freund, „aber Mindesteinsatz sind 50,-".

Aufgrund der neuen Situation blickten jetzt fast alle fasziniert auf das Glas, so als müsste von dort ein entscheidendes Signal ausgehen. Schlagartig setzte eine lebhafte Diskussion ein, die in Windeseile auch die hinteren Bereiche der Bar erfasste. Selbst ein paar offensichtlich fremdländische Gäste wurden gestenreich in das Geschehen eingeweiht. Der Schlipsheini beriet sich murmelnd mit seinen Freunden, während die beiden Damen mit offenen Mündern dastanden und sich anschauten, als hätte man ihnen gerade einen unsittlichen Antrag gemacht. Das Ganze hatte eine Wendung genommen, die mich irgendwie überrumpelte, also beschränkte ich mich besser darauf, den Gelangweilten zu geben, und nippte an meinem Drink. Die Jungs um den Krawattenmann mussten zu einer Entscheidung gekommen sein, denn ich sah, wie sie jetzt einer nach dem anderen ihre Börsen zückten.

„Okeee, die Wette gilt, hier sind unsere Einsätze" sagte die Krawatte, und reichte drei Fünfziger herüber „Aber dafür wollen wir auch 'was sehen!" setzte er hinzu. „Ex!"

Das gab vollends den Ausschlag, denn nun reckten sich immer mehr Gäste, um ihrerseits ihren Einsatz zu machen. Die Aussicht, auf die Schnelle 50,- DM zu gewinnen, und vielleicht noch einen kleinen Spaß dabei zu haben, erschien wohl überaus reizvoll. Anscheinend konnte sich keiner vorstellen, dass mein Kumpel seine Wette gewinnen könnte. Der nickte, schaute in die Runde, und stellte sein Glas ab.

„Hilfst Du mal?" fragte er mich. Er hatte sie da, wo er wollte, das war mir jetzt klar. Wie in Trance begann ich die Scheine einzusammeln, die mir jetzt von allen Seiten zugereicht wurden, und quittierte die Einsätze auf den Blättern eines Notizblocks, den mir der Barkeeper gegeben hatte. Auch ein paar wettbegeisterte und recht angeheiterte Australier nötigten mir ihre 100-Dollar-Wette auf. In einem großen Bierglas brachte ich das gesamte Geld schließlich zum Tresen zurück, wo es der Keeper für alle sichtbar oben auf der Zapfanlage platzierte. Wenn ich den Überblick richtig behalten, und den Umrechnungskurs des australischen Dollar halbwegs im Kopf hatte, mussten rund 800,- DM darin sein.

Der Keeper machte dem Pianisten ein Zeichen, worauf der einen Tusch spielte. Sofort verstummten die Gespräche, und in das abflauende Gemurmel hinein rief der Klavierspieler:

„Verehrte Damen und Herren, der Augenblick der Wahrheit ist da. Es soll ja Menschen geben, die Frösche küssen, andere sind nur scharf auf ihre Schenkel, heute Abend haben wir hier jemanden, der behauptet, dass er sich nicht scheut, einen besonders exotischen Cocktail zu sich zu nehmen, nämlich ein Glas voll mit halbwüchsigen Fröschen. Mit quicklebendigen, versteht sich, noch dazu von exotischer Art, wie er uns glaubhaft versichert hat!"

An dieser Stelle gab es ein kurzes Aufraunen, das der Pianist mit vielsagendem Blick quittierte.

„Wir alle wollen jetzt sehen, wie ein unerschrockener junger Mann seinen Spezialcocktail namens „Ranida Special" trinkt, und zwar ohne Strohhalm, Hütchen und Olive – und vor allem: ohne abzusetzen! Schafft er es nicht, kriegen alle, die dagegen gewettet haben, ihren doppelten Einsatz zurück. Froschkönig oder Wettkönig? Wir werden es sehen, bitte um Applaus!"

Kein Zweifel, dieser Klaviermann hatte echte Entertainer-Qualitäten. Vor allem wurde mir nun klar, dass er offenbar in das eingeweiht sein musste, was hier gespielt wurde. Der Raum vibrierte förmlich vor gespannter Erwartung, die sich nun voll auf den Star des Abends konzentrierte. Der griff sich sein Kaulquappenglas vom Tresen, nahm die Verzierung ab, dann ging er unter beifälligem Klatschen und von aufmunternden Zurufen begleitet zum Flügel hinüber.
Er machte einen gesammelten, aber entspannten Eindruck. Um keinen Preis der Welt hätte ich jetzt an seiner Stelle sein mögen, blieb aber äußerlich unbeteiligt, wie es meiner vereinbarten Schnöselrolle entsprach.

Es wurde still. Wir alle schauten jetzt auf ihn, wie er in der Tailleneinbuchtung des schwarzen Flügels stand, seine linke Hand ruhte leicht auf der lackierten Korpusfläche, die rechte mit dem Glas führte er nun langsam zum Mund.

Genauso gut hätte er jetzt auch ein Sangeskünstler mit einem etwas seltsam aussehenden Mikrofon sein können, der sich gerade anschickt, ein Liedchen zum Besten zu geben.

Sachte begann der Pianist etwas zu spielen, das wie eine varietéhafte Variation von „Also sprach Zarathustra" klang. Der Mann war wirklich ein Profi.

Bei der zweiten Steigerung des Klaviermotivs hatte das Mikro, nein, natürlich das Glas, seine Lippen erreicht, und mein Freund begann zu trinken. Er tat es mit kontrollierten, nicht zu großen Schlucken, die fast ein wenig routiniert gewirkt hätten, wäre er nicht plötzlich ins Stocken geraten. Mindestens drei der Quappen hatte ich schon in seinem Mund verschwinden sehen, die restlichen jedoch schienen sich jetzt zusammenzuballen, vielleicht aus Angst, oder weil sie die Strömung oder die Neigung des Glases spürten. Jedenfalls konnte man selbst auf die Entfernung sehen, wie sie in der Restflüssigkeit einen dunklen Klumpen bildeten. Auch den anderen Zuschauern war das selbstverständlich nicht entgangen. Man konnte hören, wie einige von ihnen scharf die Luft durch die Zähne einzogen. Erneut ging ein Raunen durch die Reihen, als mein Freund kurz pausierte, und das Glas, ohne es dabei abzusetzen, leicht um die liegende Längsachse hin- und herdrehte. Mit der freien Linken machte er dabei eine beschwichtigende Geste Richtung Publikum.

Derweil setzte der Pianist ungerührt sein dramatisches Klavierspiel fort. Und siehe da, plötzlich waren in dem Glas wieder einzelne dunkle Punkte erkennbar, die jetzt mit ein paar beherzten großen Schlucken sang- und klanglos im Schlund meines Kumpels verschwanden. Nach dem letzten Schluck verharrte er kurz, dann setzte er ab und hielt das Glas gegen das Licht. Alle konnten sehen, dass es komplett leer war.

In das Crescendo des Klaviers hinein brandete Beifall auf. Auch das Timing war perfekt abgestimmt.

Es fiel mir schwer, meine Blasiertheit weiter zur Schau zu tragen, als unser Held, vom begeisterten Publikum gönnerhaft schulterbeklopft, zurück zur Bar durchgereicht wurde. Dort wartete ein eisgekühlter Wodka auf ihn, den der Keeper bereits für ihn bereitgestellt hatte. Dankbar warf mein Kumpel den Kopf in den Nacken und spülte den klaren Schnaps mit einem Zug hinunter. Dann griff er sich das Bierglas mit dem Geld, welches ihm der Keeper herüberreichte.

„Darf ich die Herrschaften vielleicht zu einem Getränk ihrer Wahl einladen?" fragte er dann artig, an die beiden Damen und deren Begleiter gerichtet. Der Schlipsträger sagte nicht mehr viel, zeigte sich aber als fairer Verlierer, und trank auf das Wohl meines Kumpels.

So verbrachten wir noch ein angeregtes halbes Stündchen in recht lebhafter Konversation mit zahlreichen gutgelaunten und trinkfreudigen Gästen. Der Keeper und seine hübsche Assistentin hatten alle Hände voll zu tun und erhielten wohl auch reichlich Trinkgelder. Auch für die Bar war es eine offenbar lohnende Showeinlage gewesen. Anschließend mussten wir das mehrfach geäußerte Angebot der Australier, uns auf ihre Kosten noch quer durch Frankfurts Nachtleben ins Nirwana zu trinken, freundlich aber bestimmt abwehren, und verließen unter Mitnahme des Kaulquappenglases möglichst unauffällig die Bar. Im Vorbeigehen steckte mein Freund dem Mann hinter dem Tresen noch beiläufig zwei Scheinchen zu, mindestens einer davon war ein Hunderter.

„Du hast Dich gut gemacht", sagte er zu mir, als wir wieder im Porsche saßen und Richtung Sportcafé zurück zu meinem alten Opel fuhren, „ich denke, Du hast Dir eine kleine Provision verdient!" Mit diesen Worten und seinem wohlvertrauten Grinsen reichte er mir einen Fünfziger herüber. Ich nahm ihn dankend an, in dem Bewusstsein, von diesem Abend weit mehr mitgenommen zu haben als die (spesenbereinigt) 30,- DM Reingewinn. Das hier war alles andere als irgendeine billige Masche. Ich war Zeuge eines äußerst originellen und ebenso erfolgreichen Konzepts unkonventionellen Gelderwerbs geworden. Es war eine ausgefeilte Oneman-Show, die mein Kumpel da abzog, unter cleverer Einbeziehung des Publikums, mit hohem persönlichem Einsatz, erheblichem Improvisationsanteil und zu einem letztlich horrenden Eintrittspreis.

Im weiteren Verlauf unserer Rückfahrt vertraute er mir noch an, dass es natürlich nicht immer so glatt lief wie am selbigen Abend. Nach seiner Erfahrung musste innerhalb der ersten 10 Minuten jemand anbeißen, sonst war es besser, die Lokalität zu wechseln.

Wie ich weiter erfuhr, lag es in der Natur der Sache, dass, in Abhängigkeit von den Gästen und der Lokalität, jeder Abend anders ablief. Deshalb hatte er sich für verschiedene Situationen und Verläufe ein Repertoire an Geschichten und Gesprächsvarianten zurechtgelegt. „Interessanter Weise kommt aber früher oder später fast immer von allein jemand auf die Idee mit dem Cocktail." führte er weiter aus. Aber nicht nur die Gäste, sondern auch das Personal musste natürlich mitspielen. Einmal hatte ihn ein humorloser Hotelmanager aus der Bar verwiesen und ihm sogar Hausverbot angedroht. Allerdings war Frankfurt ein geradezu idealer Standort für sein Konzept: Als Bankenzentrum und Messestadt mit einem der größten Flughäfen Europas fanden sich in dieser Wirtschaftsmetropole jede Menge geeigneter Hotels und rund ums Jahr reichlich zahlungskräftige und vergnügungssüchtige Gäste. Dadurch bestand auch keine Gefahr, dass eine Location womöglich überstrapaziert wurde.

„Optimal sind Hotels, in denen irgendeine Veranstaltung oder ein Kongress stattfindet, so wie in dem heute. Am besten Ärzte oder Außendienstler, die hauen gern so richtig auf die Kacke. Du hast es ja selbst gesehen, wie so ein Betrag von weit über 500,- locker zusammenkommen kann. Da meine Show selten länger als eine halbe Stunde dauert, ergibt sich, abzüglich der Spesen und des saftigen Trinkgelds für den Barkeeper und den Pianisten - die die Sache als Attraktion für ihre Gäste natürlich unterstützen müssen - ein stattlicher Reinerlös. Wenn der Magen mitspielt und ich gut drauf bin, kann ich das Spektakel am selben Abend sogar zwei Mal in verschiedenen Hotelbars abziehen, dann ist schon 'mal ein Tausender Reinertrag drin. Macht in guten Monaten bis zu sechs- oder siebentausend - steuerfrei, versteht sich!"

Ich war angemessen beeindruckt, hatte die Rolle des blasierten Schnösels aber noch zu stark verinnerlicht, um eine Reaktion zu zeigen. Trotzdem war meine

Neugier noch nicht ganz befriedigt. „Wie kommt man denn überhaupt auf so eine krude Idee mit diesem Kaulquappen-Cocktail?" wollte ich wissen.

„Naja, zum Einen ist die Hemmschwelle für Trinkwetten, zumal in einer Bar, am niedrigsten. Aber mit reinem Wettsaufen wirst Du zwar besoffen, verdienst aber kein Geld." führte er aus. So weit einleuchtend.

„Dann habe ich 'mal irgendeinen lustigen Film gesehen, in dem es darum ging, Mescal, das ist dieser Tequila mit dem Wurm drin, zu trinken. Das brachte mich überhaupt erst auf die Idee. Und weil ich mir nicht die Leber ruinieren wollte, kam ich irgendwann auf den Trichter mit den Kaulquappen im Wasser." erläuterte er weiter.

„Lebendige Tiere erhöhen natürlich den Reiz, und damit den möglichen Wetteinsatz. Die Kunst besteht darin, die Balance zwischen Ekel und Faszination zu halten. Das wäre heute Abend wegen dem Mitleidsfaktor der jungen Frau mit den „süüßen" Kaulquäppchen fast ins Auge gegangen." Er musste kurz aufstoßen, und wir mussten beide grinsen.

Nach diesem denkwürdigen gemeinsamen Abend betrachtete ich meinen Studienfreund mit völlig neuen Augen und mit gehörigem Respekt. Er bewegte sich da in einer kompletten, für mich exotischen Parallelwelt. Mir war jetzt klar, dass sein Porsche alles andere war als ein snobistisches Statussymbol, sondern wichtiger Bestandteil seines Geschäftsmodells, sozusagen das Herzstück seines beweglichen Inventars, und Eintrittskarte für seine Bühne. So sehr ich ihn für seine Idee, seinen Mut und seine Chuzpe bewunderte, war mir auch schmerzlich klar, dass mir persönlich die nötigen Voraussetzungen fehlten, um ihm womöglich nachzueifern. Daher habe ich meinen erstaunlichen Studienkollegen auch nie wieder bei seiner Arbeit begleitet, hielt aber mein Versprechen, über seine Einnahmequelle absolutes Stillschweigen zu bewahren.

Das war für mich Ehrensache, nicht nur aufgrund der Tatsache, dass Kaulquappen bei uns unter Naturschutz stehen, Wetten eigentlich verboten sind, und das Finanzamt sauber außen vor blieb. Zumal ich den Standpunkt vertrete, dass sein kleiner „Raubbau" sich ökologisch wie ethisch im vertretbaren Rahmen hielt. Außerdem traf es keine Armen, er bot einen hohen Unterhaltungswert, und die Kaulquappen waren ein natürlich-biologisch nachwachsender Rohstoff.
Er züchtete sie nach eigenen Angaben artgerecht im Gartenteich seiner Großtante, bzw. im Winter in deren Waschküche.

Nach dem Studium verloren mein Kommilitone und ich uns leider aus den Augen. Ein anderer Mitstudent wusste Jahre später jedoch zu berichten, dass es unser Studienkollege in nur 4 Jahren zur ersten Million gebracht habe, indem er, noch vor seinem Diplom, mit der angesparten Summe von 200.000,- seine erste Immobilie finanzierte. Allein für diesen Betrag muss er mit seiner Masche annähernd 4.000 Kaulquappen verschluckt haben! Wenn das die gesetzestreue Dame aus unserer Bar wüsste!

Aber die Sache ist ja nun längst verjährt. Jedenfalls eröffnete mein bemerkenswerter Studienfreund spä-

ter als erster deutscher Hotelier eine Kette mit First-class-Konzepthotels in Kanada.
Er soll heute als Privatier zurückgezogen in der Gegend von Vancouver leben. Das Internet spuckt aber auch auf intensive Recherche hin nichts über ihn aus.
Hätte mich auch gewundert.

II. Lohnender Einsatz

Aus mir nicht nachvollziehbaren Gründen erscheint es heute vielfach gang und gäbe, für Leistungen zu bezahlen, die dann letztlich gar nicht oder nur schlampig erbracht werden. Das animiert offenbar viele Randexistenzen beispielsweise dazu, in bald jeder 3000-Seelen-Gemeinde einen Hausmeisterservice zu eröffnen. Es gab aber eine Zeit, da musste man noch richtig und nachprüfbar Leistung bringen für sein Geld. Und den Leuten Geld für eine Leistung abzuluchsen, die sie womöglich gar nicht in Anspruch nahmen, blieb, auf legalem Wege jedenfalls, hauptsächlich das Privileg der Versicherungsvertreter und -konzerne.
Aber es gab auch seinerzeit schon Nischen, die tüchtige Einzelkämpfer, pfiffige Unternehmer oder findige Geschäftemacher für sich zu nutzen wussten –
mit beachtlichem Profit und nachhaltigem Erfolg.
Davon soll hier die Rede sein:

Beispiel 2 |
**Kohle schaufeln ohne Schnee -
das Schneeräum-Kommando**

Erwin I. war der älteste Sohn einfacher Leute aus ordentlichen, aber ausgesprochen schlichten Verhältnissen. Notgedrungen musste er deshalb schon früh seinen Anteil zum kargen Familieneinkommen beisteuern. Von Kindesbeinen an verrichtete er kleinere Hilfsdienste und Gelegenheitsarbeiten, und galt dank seiner zupackenden, zuverlässigen und fleißigen Art bald als allseits geschätzte wertvolle Hilfskraft. Auch als er schon die höhere Schule besuchte (seine Eltern hätten ihn angesichts ihrer eigenen eher prekären Verhältnisse gerne in einer gesicherten Beamtenlaufbahn gesehen) nahm er weiter jede Gelegenheit wahr, sich kleine Nebenverdienste zu sichern, sei es durch das Austragen von Zeitungen, oder Hilfsarbeiten auf dem Bau. Er war von kräftiger Konstitution und scheute auch keine körperlich harten oder anstrengenden Arbeiten. Folgerichtig gehörte auch das winterliche Schneeschippen (natürlich von Hand!) zu seinem Repertoire, eine Arbeit, die er für ältere, betuchte oder einfach bequeme Mitbürger verrichtete. Später kamen auch Geschäftsleute hinzu, denen er dann gegen etwas lohnenderes Entgelt das Trottoir oder den Parkplatz freiräumte, wenn Not am Mann war. Auf diese Art kam er nicht nur über die Runden, sondern konnte sogar sein BWL-Studium mitfinanzieren.

Natürlich blieb ihm auf diesem arbeitsintensiven Weg kaum Spielraum für Extravaganzen (wie Parties, Auto, eigene Bude oder gar Urlaub), die für einige seiner Mitstudenten selbst damals schon, wenn nicht unbedingt selbstverständlich, so doch umso erstrebenswerter erschienen. Und so kam es fast zwangsläufig dazu, dass Erwin I. sich während eines besonders harten Winters zu fragen begann, ob er seine Kräfte und Möglichkeiten denn wirklich optimal ausreizte.
Denn auch bei bestem Willen und vollem Arbeitseinsatz konnte ein einzelner Mann am Tag nur eine gewisse Quadratmeterleistung erbringen. Wehmütig sah er all' die privaten Bürgersteige und Geschäftsflächen,

die so (von ihm) ungeräumt liegen blieben – ungenutztes Umsatzpotenzial. Mit einem kleinen Schneepflug wäre da sicher schon einiges zu gewinnen, dachte er. Jedoch fehlte ihm seinerzeit für eine solche Investition jede Grundlage. Und Kreditaufnahme jeder Art verstieß gegen seine ehernen Prinzipien.

Aber für den Erwerb einiger Schneeschaufeln zumindest würde sein Erspartes reichen. Da er wusste, dass aus versicherungsrechtlichen Gründen allein schon die Geschäftsinhaber eine dankbare und sichere Klientel für ihn waren, zögerte er nicht lange, und kaufte damals die magische Anzahl von sieben soliden hölzernen Schneeschaufeln – mit Metallbewehrung am Schaufelblatt. Die packte er auf seine Schubkarre, die er für den Streusplitt besaß, und suchte sich eine Schneeräum-Mannschaft zusammen. Dazu musste er nur die Wärmestuben der Bahnhofsmission und der Caritas abklappern, und bald hatte einen illustren Haufen zwar nicht gerade arbeitswütiger, so doch halbwegs arbeitsfähiger Männer beisammen.

Mit diesen wechselnd zusammengewürfelten Trupps, die für geringes Entgelt arbeiteten, konnte er diesen Winter seine Kapazitäten deutlich ausweiten, und seine Kapitalbasis verbreitern. Und er hatte Glück, denn auch der darauffolgende Winter brachte wieder üppige Schneefälle und eine entsprechend gute Geschäftslage für ihn ein. Als Mann mit Weitblick war ihm aber klar, dass diese Wetterabhängigkeit ein unkalkulierbares Risiko für sein kleines Saisongeschäft darstellte.

Kein Schnee - keine Arbeit, kein Geld, so einfach war die Rechnung. Außerdem musste im Bedarfsfall die Leistung zuverlässig und pünktlich erbracht werden, was ihn schon einige Male in die Klemme gebracht hatte, denn seine Mannen zählten zwangsläufig nicht zur Riege der ausgesprochenen Leistungsträger. In Folge dessen hatte er oft genug schon einspringen müssen, um die Fehlleistungen der Säumigen oder Unzuverlässigen seiner Truppe selbst auszubügeln.
Auch das war ein gewisser Schwachpunkt für ein potenzielles Geschäftsmodell, das ihm zu diesem Zeitpunkt schon schemenhaft vorzuschweben begann. Denn viel lukrativer wäre es doch, seine Leistung unabhängig von der Wetterlage zu verkaufen. Kühl analysierte er die Rahmensituation, machte eine Kalkulation, und kam dann zum Ergebnis, dass es den Versuch wert war.

Noch vor dem Beginn des Frühjahrs brachte er die wichtigsten Vorbereitungen auf den Weg. Dazu suchte er zunächst einen angehenden Rechtsanwalt auf, den er von der Uni her kannte. Gemeinsam mit ihm klärte er die rechtlichen Voraussetzungen und mögliche Fallstricke ab. Anschließend setzten sie gemeinsam den Entwurf für einen Dienstleistungsvertrag auf, welchen er abschließend von einem niedergelassenen Anwalt prüfen und nachbessern ließ. Bei dieser Gelegenheit ließ er sich noch einen einfachen Arbeitsvertrag für studentische Hilfskräfte aufsetzen.
Dreh- und Angelpunkt seines neuen Geschäftsmodells war die bestehende Räum- und Streupflicht auf

allen privaten wie geschäftlichen Grundstücken und Flächen, die von der Öffentlichkeit benutzt, aber nicht von der städtischen Straßenreinigung erfasst wurden.

Im Falle eines Unfalles oder Schadens, der nachweislich auf dem durch den Grundstückseigentümer verschuldeten Versäumnis dieser Pflicht beruhte oder eintrat (Juristendeutsch), kam auch keine Haftpflichtversicherung für diesen Schaden auf. Grob gesagt: Wenn morgens um Sieben eine alte Omi auf dem Weg zum Bäcker war, und sich auf dem vereisten Gehweg vor der Bäckerei den Hals brach, hatte der Grundstückseigentümer (oder ggf. der Mieter, welcher vertraglich für die Räumung und Streuung des Gehwegs zuständig war) ein massives Problem. Das wusste unser Mann, und war entschlossen, dieses Wissen zu seinem Vorteil zu nutzen.

Was also genau war sein Plan? Eigentlich wollte er den Leuten mit seiner neuen Dienstleistung Zweierlei verkaufen: Zum Ersten war es die Bequemlichkeit, von der lästigen Räum- und Streupflicht (die rein rechtlich schon zu nachtschlafener Zeit begann) ein- für allemal entbunden zu sein. Das war ein echter, wie man heute neudeutsch sagen würde, Conveniance-USP. Von dieser Bequemlichkeit hatten seine Kunden zwar in der Vergangenheit schon immer wieder profitiert, allerdings stets nach dem Motto: *„First come - first serve"* - zu deutsch: Wer zuerst kommt, wird zuerst bedient.

Dies war einzig seinen begrenzten Manpower-Kapazitäten zuzuschreiben gewesen, denn nur zu gerne hätte er weitaus mehr Kunden mit seinem Winterservice zufrieden gestellt. Den ersten Schritt dahin hatte er ja nun schon getan, indem er seinen mobilen Räum- und Streutrupp auf die Beine gestellt hatte. Im nächsten Schritt jedoch ging es für ihn vor allem um Planungssicherheit. Die ließ sich hinsichtlich der ungewissen Witterungsverhältnisse und dem sich daraus ergebenden Einsatzbedarf ja nun nicht herstellen. Aber: Hinsichtlich der Anzahl seiner Kunden konnte er sehr wohl viel besser planen, nämlich, wenn er definitiv wusste, wen er mit welcher Flächenleistung zu bedienen hatte.

Mit anderen Worten, er würde künftig seine Dienstleistung nicht immer wieder neu und ad hoc verkaufen, sondern sozusagen im Abonnement und im Voraus. Das war zu dieser Zeit eine echte Innovation.

Der zweite wichtige Aspekt für seine Kunden, und demnach ein wichtiges Verkaufsargument für ihn, war die Rechtssicherheit: Mit Abschluss des Dienstleistungsvertrages ging die Räum- und Streupflicht für die benannten Objekte auf ihn bzw. sein Unternehmen über. Diesen doppelten Service mussten die Kunden allerdings insofern honorieren, als die Zahlung für eine Saison (zumindest eines fixen Grundbetrages) mit Vertragsabschluss im Voraus fällig wurde, und nicht erst nach erbrachter Leistung. Das vielleicht wichtigste Element an diesem Konstrukt war die Trennung von Leistungsversprechen und tatsächlich erbrachter Leistung.

Was heißt das? Ganz einfach: Die Kunden kauften de facto eine kombinierte Leistung ein, nämlich zum Einen die Tatsache, dass sie bei entsprechender Witterung von ihrer Räum- und Streupflicht entbunden waren. Das war der eher psychologische Benefit an dem

Deal, weil er die Betreffenden einer konkreten (und dank der herrschenden Rechtslage auch nicht unberechtigten) Sorge – in diesem Falle ihrer Sorgfaltspflicht – enthob. Zusätzlich erwarben Sie die Gewähr, dass die entsprechenden Flächen im Bedarfsfalle tatsächlich auch ordnungsgemäß von Schnee und Eis befreit würden. Das war der Komfortaspekt an der gebotenen Dienstleistung. Was jedoch weder Erwin I. noch seinen Kunden zum Zeitpunkt des Vertragsabschlusses wissen konnten, waren die Witterungsverhältnisse des jeweils kommenden Winters. Da die Leistung, oder zumindest ein erheblicher Teil davon, bereits pauschal im Voraus bezahlt war, stellte jeder Vertragsabschluss auch so etwas wie eine Wetter-Wette dar, bei der einmal der Auftraggeber oder der ausführende Dienstleister gewinnen oder verlieren konnte.

Weil aber jeder Vertrag über eine gesamte Wintersaison lief, und hier ein statistisches naturbedingtes Witterungsrisiko zugrunde gelegt wurde, lag nach diesem Berechnungsmodell in durchschnittlichen Wintern der Gewinn eindeutig bei unserem Mann.

Hieß die Formel früher: *„Kein Schnee, keine Arbeit, kein Gewinn"*, lautete sie jetzt: *„Kein Schnee, keine Arbeit, mehr Gewinn!"*. Denn seinen Leuten bezahlte er, neben einer kleinen Bereitschaftsprämie, ja nur die tatsächlich geleistete Arbeit. Das beste an diesem Modell war, dass ihm jeder abgeschlossene Kundenkontrakt unmittelbar den Basisbetrag für die volle Saison in die Kassen spülte. Seine Liquidität, und damit seine Investitionskraft, wurde auf diese clevere Art schlagartig um mehrere tausend Prozent gesteigert.

Noch unter dem Eindruck des letzten strengen und schneereichen Winters waren die Geschäftsleute offen für sein Angebot, und so hatte er kaum Probleme, seine Policen im Frühjahr an den Mann zu bringen. Umso weniger, als er etlichen seiner Kunden ja bereits als zuverlässiger Dienstleister bekannt war.

Dieses Sommersemester ließ er sausen, denn er musste eine Einsatzbasis schaffen, d.h. geeignete Räumlichkeiten finden und anmieten, wo er alle notwendigen logistischen wie organisatorischen Voraussetzungen für sein Geschäft herstellen, sowie die dafür nötigen Gerätschaften, Planungsunterlagen, etc. bereitstellen konnte.

Mit seinen Vorbereitungen war er bis in den Herbst hinein vollauf beschäftigt. Nachdem dann die Einsatzzentrale (in einer geräumigen Baracke des ehemaligen städtischen Bauhofs, die er günstig anmieten konnte) eingerichtet war, ging er daran, gezielt einen Personalstamm für den Winter aufzubauen. Seinen zuverlässigsten Leuten bot er an, sie verbindlich saisonweise unter Vertrag zu nehmen. Dann gab es in seiner Stadt zwei Hochschulen, wo er entsprechende Aushänge machte, um studentische Hilfskräfte anzuwerben.

Seine größte Herausforderung war zu diesem Zeitpunkt, die Faktoren Kundenanzahl (und damit die zu betreuende Fläche), Equipment (d.h. Schaufeln, Streumaterial und mobiler -Mannvorrat) sowie Personalbedarf und -planung in Übereinstimmung zu bringen.

Er widerstand deshalb vorerst der Versuchung, weitere Verträge mit Neukunden abzuschließen, und stellte sich auf einen turbulenten ersten Winter ein.

Als Erwin I. Etwa 30 Jahre später seine Unternehmensanteile verkaufte und sich als nur mehr beratendes Vorstandsmitglied aus dem aktiven Geschäftsleben zurückzog, hatte er immer noch keinen Universitätsabschluss in BWL. Aber er hatte es geschafft, lediglich mit seinen eigenen Händen und dem richtigen Instinkt für eine clevere Geschäftsidee zur rechten Zeit, gepaart mit Augenmaß, ein wenig Fortune und jeder Menge Tüchtigkeit, ein florierendes Franchise-Unternehmen auf die Beine zu stellen und später auch an die Börse zu bringen.

Dass dieses Unternehmen schließlich bundesweit führend im Dienstleistungsbereich Gebäudereinigung, Wachdienste und Facility-Management agierte, ging letztlich auf die weiteren Entwicklungen seines Konzeptes zurück, welches er nach dem erfolgreich bewältigten ersten Winter immer weiter verfeinerte und konsequent weiter ausbaute.

Zu den wichtigsten Etappen zählte u.a. die sukzessive Erschließung des gesamten Stadtareals, welches er flächendeckend mit strategisch günstig platzierten Streugutkisten ausstattete. Dank eines Deals mit der Stadtverwaltung, die ebenfalls auf deren Inhalt Zugriff hatte, kostete ihn diese Aktion so gut wie keinen Pfennig. Lediglich für die regelmäßige Befüllung (natürlich mit für ihn kostenlosem städtischem Streugut), Begutachtung und Instandhaltung musste seine Firma aufkommen. Im Zuge der weiteren Jahre kam dann natürlich ein rasant wachsender Fuhrpark an Räum Streu- und Servicefahrzeugen zum Einsatz, der die weitere Expansion des Unternehmens begleitete.

Nachdem er die Kapazitäten seiner Heimatstadt weitgehend erschlossen hatte, begann er, sein Geschäftskonzept per Franchise-Modell konsequent auf andere Städte zu übertragen. Später kamen die Dienstleistungsbereiche Gebäudereinigung, Facility-Management und schließlich noch Catering- und Seniorendienstleistungen hinzu.

Zu diesem Zeitpunkt war seine Firma längst schon eine GmbH mit annähernd 800 Mitarbeitern, die später in eine GmbH auf Aktien umgewandelt wurde, mit ihm als Mehrheitseigner.

Bis zu seinem 70. Lebensjahr hielt sich Erwin I. bevorzugt ganzjährig in wohltemperierten Klimazonen auf, und kam eigentlich nur noch zur Weihnachtszeit zurück in seine winterkalte Heimat, um seine Kinder und Enkelkinder zu sehen. Ansonsten mied er jeden Kontakt mit jenen gefrorenen Wasserkristallen, die wir als Eis und Schnee kennen, sondern genoss bis zu seinem Ableben mit 74 Jahren die Annehmlichkeiten, mit denen die Mittelmeerregion ihre Bewohner verwöhnt. Besonders die wohlhabenden.

III. Der Traum vom guten Leben

Der Wunsch nach beruflicher und wirtschaftlicher Unabhängigkeit gibt oft den Anstoß, sein Schicksal auf selbstständigem Wege herauszufordern und zu meistern. Dass auf diese Weise andere, und teils noch mächtigere Abhängigkeiten und Verpflichtungen geschaffen werden, ist den Handelnden nicht immer klar. So wird mancher Erfolg um einen hohen persönlichen Preis erkauft. Selbst bei bescheideneren Wachstumsambitionen und Zielgrößen kommt unweigerlich der Moment der Entscheidung: weitermachen oder aufhören, weiterwachsen oder verkaufen? Neuanfang oder Neuorientierung? Aufstieg oder Ausstieg? Wie sich zeigt, kann auch die Entscheidung für letzteres mit viel Arbeit und Entbehrung verbunden sein. Aber auch hier ist der Erfolg letztlich die schönste Belohnung.

Beispiel 3 |
Vom Jungpolizisten zum späten Landjunker: Der Aussteiger

Hätte man Gelegenheit, Robert S. heute auf einem seiner wilden Jagdstreifzüge in den Wäldern der neuseeländischen Nordinsel zu begleiten, käme man kaum auf die Idee, dass er jemals etwas anderes getan hat im Leben. Und schon gar nicht, dass er, vor gefühlt 50 Jahren, einmal Polizist in deutschen Diensten gewesen ist. Immerhin erklärt das vielleicht seinen routinierten Umgang mit Feuerwaffen aller Art, die er in der neuseeländischen Wildnis ohne die hierzulande üblichen Einschränkungen und Kontrollen handhaben darf, um sich jederzeit nach Lust und Laune ein Wildbret zu erjagen. Er ist heute dort angekommen, wo er sich eigentlich schon zu Schulzeiten immer hingeträumt hat – allerdings wusste er es damals einfach noch nicht.

Einen gewissen Hang zum einfachen Landleben hatte er instinktiv schon immer in sich gespürt, insofern lag ihm eine höhere Schulbildung nicht wirklich am Herzen. Das bekamen auch Lehrkräfte wie Schulkameraden teils unmissverständlich zu spüren – so lange, bis er dem nachdrücklich formulierten Wunsch entsprach, das Gymnasium doch besser den verweichlichten Bürgersöhnchen, angepassten Aufsteigern und hinterhältigen Duckmäusern zu überlassen.

Was fängt nun ein abenteuerlustiger, leicht rabaukenhafter junger Bursche aus zerrüttetem Elternhaus mit Realschulabschluss in einem hochzivilisierten und durchstrukturierten Land wie der Bundesrepublik der chaotischen 70er und 80er Jahre an? Er wird entweder Revoluzzer, strebt eine kriminelle Karriere an, oder er bewirbt sich dort, wo gegen Bezahlung „Freiheit und Abenteuer" winken: Er geht entweder zur Fremdenlegion, „zum Bund" (wie man die Bundeswehr seinerzeit kurz und bündig abzukürzen pflegte), oder zur Polizei. Robert entschied sich für letzteres, in der (wie sich bald zeigen sollte: fälschlichen) Annahme, dort sowohl seine Abenteuerlust wie seinen ausgeprägten Gerechtigkeitssinn (welcher schon in seiner Schulkarriere oft genug hart auf die Probe gestellt worden war) ausleben zu können. Außerdem war die fünfmal höhere Grundbesoldung bei den grün Uniformierten deutlich attraktiver als bei der olivfarbenen Truppe, was ihm die Entscheidung zusätzlich erleichterte.

Als Mann, dem Grautöne eher Depressionen bereiten, entsprach die Zielvorstellung einer bürokratisch ausdifferenzierten Polizeiarbeit, die verschiedene Abstufungen von Schwarz oder Weiß kennt, dann allerdings nicht wirklich seinem manchmal recht impulsiven Naturell. Spätestens, als sein eigenes Wertesystem, welches neben „Gut" oder „Böse" höchstens noch „Dumm gelaufen" zu akzeptieren bereit war, mit dem offiziell vorgegebenen Wertekanon und Verhaltenskodex kollidierte, zeigte sich, dass Robert einfach ein Typ ist, der schon immer schwer in gängige Raster einzupassen war. Jedenfalls keiner, der aus Überzeugung Uniformen trägt, es sei denn, es wäre die seiner eigenen Privatarmee.

Ihm selbst wurde dies allerdings erst später klar, mit der Konsequenz, dass er den uniformierten Staatsdienst abrupt und unter Preisgabe jedes womöglich verlockenden Beamtenstatus quittierte, und gegen ein beinhartes aber freies Unternehmerdasein als Gebäudereiniger eintauschte. Der puren Not des nackten Existenzerhalts gehorchend, gründete er aus dem Stand eine kleine, aber sauber und zuverlässig arbeitende Gebäudereinigungsfirma, in der er fortan (in Personalunion als Chef, Vorarbeiter und Schichtführer) selbst tatkräftig Hand anlegte. Er, der vorher noch nie einen Putzlappen in der Hand gehabt hatte, wurde dank seines ebenso virtuosen wie effizienten Fensterputz-Stils von seiner Kundschaft alsbald mit dem nur halb bewundernd gemeinten Spitznamen „Der Abzieher" bedacht. Sein von einem Freund geliehenes Startkapital von immerhin DM 3.000,- (!) jedenfalls konnte er innerhalb kürzester Zeit zurückzahlen, und baute sich in den folgenden zehn Jahren eine solide, wenn auch arbeitsintensive Existenz auf.

Als zupackender Typ, der sich selbst nie schonte, und ebenso hohe Leistungsansprüche auch an seine Mitarbeiter stellte, bediente er bald einen überschaubaren aber treuen Kundenstamm, der ihm ordentliche Erträge sicherte. Über die Jahre konnte er nützliche Beziehungen zu einschlägigen Entscheidern und Persönlichkeiten des örtlichen Immobiliensektors aufbauen, was die stetige Expansion seines kleinen Unternehmens beförderte. Da er selbst keinen besonders luxuriösen oder aufwändigen Lebenswandel pflegte, stellte sich irgendwann die Frage nach der Investition seiner Rücklagen. Schon zu dieser Zeit gab es auch die Idee, ins benachbarte Ausland auszuwandern. Ein Traum, der sich für ihn dann aber erst fast zehn Jahre später und viel radikaler als gedacht für ihn umsetzen ließ.

Robert S. hatte nie den Hang zum mondänen Großstadtleben verspürt, und so liebäugelte er zunächst mit dem Plan, ins damals noch ländlich-verschlafene Irland abzuwandern, um dort ohne große Ansprüche ein vorgezogenes Rentnerdasein zu genießen.

Seiner Kalkulation nach fehlte ihm nicht mehr viel Kapital, um diesen Traum innerhalb von zehn Jahren zu verwirklichen, so glaubte er zumindest Ende der Achtziger Jahre.

Kurzerhand erwarb er deshalb für günstiges Geld ein erhaltenswertes Cottage im County Connemara.

Dann allerdings ereilte ihn zuhause in Deutschland unerwartet ein herber Rückschlag, der ihn zu einem unerfreulichen Umweg zwang: Aus heiterem Himmel ging ihm sein Hauptkunde, ein großes Industrieunternehmen, von der Fahne. Seines wichtigsten Umsatzbringers beraubt, konnte er den Verlust nicht schnell genug durch Neukundengeschäft kompensieren. Sein Geschäft war fast am Ende. So musste er seine Auswanderungspläne zunächst begraben und sah sich gezwungen, mit einem Konkurrenten zu fusionieren. Diese Partnerschaft hielt genau so lange, bis gemeinsam ein neuer Kundenstamm aufgebaut war. Sein treuloser Kompagnon hatte daraufhin nichts eiligeres zu tun, als alleine eine neue Firma zu gründen, die ihm mit Dumpingpreisen alle Kunden abspenstig machte.

Um den Offenbarungseid abzuwenden, musste er abermals einen kompletten Neuanfang in einer ihm unbekannten Branche wagen, was ihm dank seiner guten Kontakte auch gelang. Als freiberuflicher Projektmanager in der Immobilienbranche verdiente er wiederum gutes Geld, das er nach der innerdeutschen Maueröffnung in vermeintlich sichere Bauherrenmodelle in den neuen Bundesländern investierte.

Wie sich herausstellen sollte, eine bitterböse Fehlkalkulation. Erneut seiner finanziellen Basis für seine alternative Altersversorgung außerhalb Deutschlands beraubt, wurde sein Entschluss, seine Heimat zu verlassen, eher noch bestärkt. Zumal die Vertrauensbasis zu seinen Immobilienpartnern durch den desaströsen

Investitionsflop in Ostdeutschland nachhaltig gestört war. Mit der Folge, dass damit auch diese Geschäftsbasis keine Existenzgrundlage mehr bot.

Umso schmerzlicher verspürte er Sehnsucht nach einem selbstbestimmten, und im Rahmen zivilisatorischer Möglichkeiten noch unregulierten Abenteurerleben. Mittlerweile richteten sich seine eskapistischen Vorstellungen aufs ferne Neuseeland. Es bot die ideale Projektionsfläche, um für dieses Ziel nötigenfalls noch weitere Jahre harter, wenn auch gut bezahlter Selbstausbeutung auf sich zu nehmen.

Für sein nächstes Projekt sollte er sich auf die Ursprünge seiner Polizeiausbildung zurückbesinnen: Im Zuge seiner Immobiliengeschäfte hatte er das persönliche Schutzbedürfnis kapitalkräftiger Investoren kennen gelernt, und beschloss, diesem Bedürfnis auf professionelle Art Rechnung zu tragen. Geschult in der Handhabung von Waffen, gefahrengeneigten Situationen und im Umgang mit widerspenstigen Personen, etablierte er sich kurzerhand als Spezialist für Security, Personenschutz und Objektsicherung.

In gewissen Kreisen genoss seine exklusive und diskrete Dienstleistung bald einen guten Ruf, so dass er nach und nach eine zuverlässige Truppe um sich scharen konnte. Sein Geschäft gedieh im selben Maße, wie die Repräsentanten der Finanz- und Halbwelt sich seit den neunziger Jahren immer skrupelloser gebärdeten. Als indirekter Profiteur dieser Entwicklung hatte er damit kein Problem, war sie doch geeignet, ihn seinem bestimmendsten Lebensziel wieder einen wesentlichen Schritt näher zu bringen.

Mittlerweile hatte er vier Existenzen in seinem Leben aufgebaut, mehr oder minder alle von der Projektion auf einen fernen Aussteigertraum getrieben. In gewisser Hinsicht hatte er seinen großen Traum zwischenzeitlich revidieren müssen, zumindest, was die Möglichkeit betraf, sich frühzeitig aus dem Erwerbsleben auszuklinken. Umso hartnäckiger hielt er an seiner Wunschvorstellung fest. Wenn er es tatsächlich noch schaffen sollte auszuwandern, dann nur unter der Prämisse, dass er, einmal am Ziel, nie wieder würde arbeiten müssen – jedenfalls nicht für den schnöden Lebensunterhalt, so viel stand für ihn fest.

Da er mit seiner Bauherrenmodell-Fehlspekulation schmerzhaft Lehrgeld bezahlt hatte, blieb nur der harte Weg, das nötige Kapital selbst zu erwirtschaften. Fast acht Jahre lag er gegenüber seiner ursprünglichen Zielvorstellung schließlich im Rückstand. Trotzdem war er vom regulären Rentenalter noch weit entfernt, als es dann endlich so weit war: Gegen eine stattliche Ablöse, über deren exakte Höhe diskretes Stillschweigen verhängt wurde, gab er sein kleines Security-Unternehmen an einen Nachrücker aus den eigenen Reihen weiter. Sein mittlerweile völlig heruntergekommenes Cottage konnte er dank des noch anhaltenden Bau- und Wirtschaftsbooms in Irland sogar noch mit Gewinn verkaufen.

Der Weg zu seinem Ausstieg war endlich frei: Nach positiver Prüfung seiner Finanzlage wurde von der Neuseeländischen Botschaft seinem Antrag auf dauerhafte Einreise ins Land seiner Träume stattgegeben.

Ohne noch einen weiteren Tag zu verlieren, kehrte er seiner deutschen Heimat auf Nimmerwiedersehen den Rücken – gerade noch rechtzeitig, bevor die westliche Wirtschaftswelt an den Abgrund der globalen Finanzkrise geriet.

Nach allem, was man bis heute von ihm hört, ist das Aussteigerleben für Robert S. genau das, was er sich immer erträumt hat. Ein echter Selfmademan, der sein ganzes Leben darauf hingearbeitet hat, das zu sein, was er heute ist: er selbst.

IV. Bewegliche Ziele

Dass die Zwangsverpflichtung als Wehrdienstleistender für manche Biografien durchaus auch etwas Positives haben konnte, vermochten die Betroffenen selbst oftmals erst sehr viel später zu erkennen oder gar einzugestehen. Womöglich vermittelte einem „Die Schule der Nation" doch unterschwellig gewisse (Er-)Kenntnisse, deren wahrer Wert sich erst in anderen Lebenszusammenhängen und -abschnitten offenbarte.

Da sich die Bundeswehr erst spät für das weibliche Geschlecht aufgeschlossen zeigte, blieb es zu jener Zeit ausschließlich mehr oder minder wehrfähigen und -willigen jungen Männern vorbehalten, von den „Segnungen" dieses hoch privilegierten staatlichen Bildungsangebots zu profitieren. Von einem dieser jungen Männer (jedenfalls war er das zur Zeit seiner Einberufung im Jahr 1978) will ich hier berichten:

Beispiel 4 |
Vom Gulasch-Kanonier zum Küchenlogistik-Pionier, oder: Küchenequipment kann existenzentscheidend sein

Bertram W. hatte gerade so die Mittlere Reife geschafft, und eher aus Verlegenheit eine Berufsausbildung zum Koch begonnen, die er allerdings nach dem ersten Lehrjahr wieder abbrach. Die Arbeitszeiten und -bedingungen entsprachen überhaupt nicht seinem Ideal von einer selbstbestimmten und freizeitorientierten Existenz. Umso härter traf ihn die prompte Einberufung zur Bundeswehr, der er jedoch ohne Gegenwehr oder den Versuch, sich per Wehruntauglichkeits-Attest zu entziehen, Folge leistete. Auf Grund seiner beruflichen „Vorbildung" schien er den Bundeswehr-Bürokraten für einen Kücheneinsatz optimal tauglich, sodass Bertram sich flugs in der Rolle als nahezu rechtloser Handlanger des Küchenbullen in einem Pionierbataillon wiederfand. Eine denkbar undankbare Position, mit der er sich die kommenden 24 Monate seines Lebens nur unter größter Selbstverleugnung abzufinden vermochte. Denn in einem Anfall von verzweifelter Umnachtung hatte er obendrein noch in der Grundausbildung einen Z-2-Vertrag als Zeitsoldat unterschrieben, den ihm sein Spieß in einer schwachen Stunde aufgeschwatzt hatte:

„Was sind schon die neun Monate mehr? So viel braucht eine Mutter gerade 'mal, um ihr Kind auszutragen! Und Sie, Soldat? Etwa Feigheit vor dem Feind? Das reißen Sie doch auf der linken Arschbacke ab. Denken Sie auch an Ihre Zukunft, junger Mann, und vergessen Sie nicht die Abschlusszahlung am Ende Ihrer zweijährigen Dienstzeit!".

Er tröstete sich mit dem Umstand, dass er auf diese Weise wenigstens seine abgebrochene Kochlehre abschließen konnte, ansonsten war das soldatische Dasein eher freudlos und ohne besondere Höhepunkte für ihn. Einzig eine Episode, die er ausgerechnet in einem der besseren Bordelle seiner Garnisonsstadt erlebte, sollte sich später als hilf- wenn nicht gar segensreich für seine weitere Vita erweisen: Sie begab sich bei einem seiner gelegentlichen Etablissementbesuche im Rotlicht-Milieu, die er sich angesichts seiner kargen Besoldung ohnehin selten genug gönnte.

An diesem späten Abend hatte er gerade im Zustand der Entspannung die Kemenate seiner Lieblingsprostituierten verlassen, und strebte über den Gang des ersten Stockwerks dem Ausgang zu, als er hinter sich ein Getümmel wahrnahm. Als er sich umdrehte, sah er am anderen Ende des Korridors drei Männer, die offensichtlich gerade eine Schlägerei begannen.
Es ging einer gegen zwei, und der Einzelkämpfer war offensichtlich in schwerer Bedrängnis. Schon ging er zu Boden, und wurde nun mit brutalen Tritten traktiert.

Ohne Nachzudenken, spurtete Bertram den Gang hinunter und sprang dem Bedrängten zur Seite. Es mussten irgendwelche soldatischen Reflexe sein, die ihn dazu trieben, denn eigentlich verabscheute er körperliche Gewalt. Kurz und wirkungsvoll brachte er ein paar Nahkampf-Kombinationen, die man ihm während seiner Pionier-Grundausbildung beigebracht hatte, zur offenbar schmerzhaften Anwendung.

Derart überrumpelt, ließen die beiden Schläger von ihrem Opfer ab, und ergriffen, zu Bertrams eigener Verblüffung, die Flucht. Er half dem Mann hoch, der aus der Nase blutete und offensichtlich ein oder zwei harte Gesichtstreffer hatte einstecken müssen.

Obwohl er eher von kräftiger Statur war, wirkte er nicht wie jemand, der in Kneipen oder sonstwo auf Streit aus ist. Er war vielleicht knappe Vierzig und eher eine gepflegte Erscheinung.
„Danke", nuschelte der nur, und hob sein Jackett auf: „Besser, wir hauen hier ab, bevor's mehr Ärger gibt."

Draußen vergewisserten sie sich zunächst, dass ihnen niemand auflauerte, dann stiegen Sie gemeinsam in ein Taxi, das sie ein Stück die Straße hinunter auftreiben konnten. Wie sich herausstellte, mussten sie ins selbe Stadtviertel. Irgendwann ließ der Mann den Wagen halten, zahlte und stieg aus. „Nochmals vielen Dank für Ihre Hilfe." Er streckte Bertram die Hand hin, ein knackiger Händedruck, dann war er verschwunden. Bertram ließ sich zu seiner Kaserne weiterfahren, und hatte den Vorfall ein paar Tage später schon fast wieder vergessen.

Er versah wie üblich seinen meist stumpfsinnigen Küchendienst, und befand sich in der darauffolgenden Woche gerade auf den Weg vom Küchengebäude zum Offizierskasino auf der gegenüberliegenden Seite des Exerzierplatzes. In Gedanken war er mit den Vorbereitungen für eine dortige Festivität beschäftigt, die er am kommenden Wochenende mit auszurichten hatte, als er einen scharfen Anruf hörte:

„Soldat!" Er zuckte zusammen, den Offizier hatte er glatt übersehen, wahrscheinlich, weil der einen Kampfanzug mit Schiffchen trug.

„Können Sie nicht grüßen?" Er blieb stehen, riss die Hacken zusammen, und versuchte gleichzeitig, das Rangabzeichen des Offiziers zu erkennen, der sich vor ihm aufgebaut hatte.

„Jawoll, Herr Oberstleutnant, ich meine, nein, Herr Oberstleutnant!" gab er schneidig von sich.

„Was jetzt, können Sie nun grüßen oder nicht, Herr Obergefreiter?!" Bertram schwitzte.

„Jawoll Herr Oberstleutnant!"

Er führte vorschriftsmäßig die rechte Hand zum soldatischen Gruß.

„Obergefreiter W. auf dem Weg zum Offizierskasino!" machte er nun militärisch korrekt Meldung, und blickte haarscharf an der Kopfbedeckung seines Gegenübers vorbei ins Leere.

„In Ordnung, stehen Sie bequem, Soldat. Küchenbulle, wie ich sehe." Der Offizier hatte wohl die weiße Litze am Rangabzeichen des Obergefreiten entdeckt.

„Dann sehen Sie 'mal zu, dass das was wird mit unserem kleinen Offiziersabend am Wochenende!" sagte er nun jovial. Wieder stand Bertram W. stramm.

„Jawoll, Herr Oberstleutnant!"

„Rühren! Weggetreten!" Diesem Befehl leistete unser Bertram erleichtert und zackig Folge, indem er nun besonders zügig dem Offizierskasino zustrebte.
Irritiert hatte er zuvor registriert, dass der Herr Oberstleutnant ein veritables Veilchen spazieren trug.
Er war der Mann aus dem Bordell.

Anderntags, kurz nach Dienstbeginn, rief ihn sein vorgesetzter Stabsunteroffizier zu sich.

„Was ist los, haste Scheiße gebaut?" fragte ihn unvermittelt der Stuffz. Wenn keine höheren Vorgesetzten anwesend waren, herrschte in der Küche das herzhafte „Du". „Wieso?" fragte Bertram.

„Weil Du zum Stabsgebäude befohlen bist, sollst Dich dort beim Bataillonskommandeur melden, und zwar zackizacki, also, sofort!"

Der Stuffz sah ihn komisch an: „Du hast sicher nichts ausgefressen, oder so?"

„Nein, großes Pionierehrenwort!" gab Bertram zurück, und machte sich umgehend auf den Weg ans andere Ende der Kaserne. Im Stabsgebäude angekommen, meldete er sich vorschriftsmäßig unter Angabe von Name, Dienstgrad und Kompanie an. Zu seiner Überraschung wirkte die Atmosphäre hier etwas weniger militaristisch, fast eher wie in einer Behörde.

Man wies ihn an, im Flur Platz zu nehmen und zu warten. Ihm war in der Tat etwas mulmig zumute. Nicht ganz zu Unrecht vermutete er jedoch, dass sein Hiersein etwas mit seiner Begegnung vom Vortag zu tun haben könnte.

Trotzdem war er nicht wenig erstaunt, in seinem Bataillonskommandeur eben jenen Mann wiederzuerkennen, dem er seit der vergangenen Woche nun schon wiederholt und unter derart gegensätzlichen Umständen begegnet war: Nachdem er vom Flur hineingerufen worden war, hatte man ihn auch im Vorzimmer nochmals kurz warten lassen. Dann hatte sich die Tür des Kommandeurszimmers hinter ihm geschlossen. Vor dessen Schreibtisch war er in Grundstellung gegangen, um Meldung zu machen. Der hatte sich das ruhig angehört, ihn sich rühren lassen, und ihm dann einen Platz auf dem Stuhl gegenüber seines Schreibtisches angeboten. Der Kommandeur selbst hatte sich dann halb schräg auf die Schreibtischkante gesetzt, die Arme verschränkt, und ihn leicht belustigt gemustert.

„So-so, Soldat, klein ist die Welt und groß die Überraschungen. Soll nochmal einer sagen, dass Zivilcourage keine soldatische Tugend ist!"

Bertram sagte nichts und wartete ab. Das Veilchen des Offiziers blühte in den schönsten Farben.

„Wie Sie ja sehen können, hat unser kleines Abenteuer ein paar sichtbare Spuren bei mir hinterlassen. Ich hoffe, Sie sind von irgendwelchen Nachwehwechen verschont geblieben?"

„Jawoll, Herr Oberstleutnant, alles okeee, keine Verletzten!" gab Bertram pflichtschuldigst zurück.

„Freut mich. Glauben Sie mir, ich war mindestens so baff wie Sie, Ihnen hier auf dem Kasernenhof über den Weg zu laufen. Obwohl mir angesichts Ihres beherzten Eingreifens eigentlich hätte klar sein können, dass Sie Soldat unseres Bataillons sind. Ich will Ihnen nochmals meinen persönlichen Dank und meine Anerkennung aussprechen, für Ihr schnelles" – hier lächelte sein Vorgesetzter kurz - „und zu meinem Glück sehr wirkungsvolles Einschreiten. Das hätte auch ganz anders für mich ausgehen können."

„Danke, Herr Oberstleutnant!" Es war schon eine etwas schräge Situation für beide, die sich in einem kurzen bedeutsamen Schweigen ausdrückte.

„Leider kann ich Sie aus naheliegenden Gründen dafür nicht offiziell belobigen", fuhr der Kommandeur fort. „Sie können sich ja denken, dass mir daran gelegen ist, dass diese Episode unter uns bleibt. Ich kann mich doch auf Ihr Stillschweigen verlassen?"

Diese Frage ließ keine andere Antwort zu als ein zackig vorgebrachtes „Absolut, Herr Oberstleutnant!". Dieser hatte offensichtlich nichts anderes erwartet, und fuhr fort: „Dennoch würde ich mich gerne für Ihre mutige Tat erkenntlich zeigen. Sie haben Qualitäten gezeigt, die Sie mir für besondere Aufgaben geeignet erscheinen lassen. Kurz gesagt: Die Dienstzeit meines persönlichen Fahrers endet nächsten Monat, wäre das vielleicht etwas für Sie?"

Bertram, der wusste, dass die Kraftfahrerstellen im Stab, und dort natürlich speziell die des Kommandeurfahrers, wegen ihrer privilegierten und vergleichsweise lockeren Anforderungen begehrte Druckposten waren, musste schlucken. Das war eine überraschende und wirklich verlockende Offerte, die er spontan anzunehmen geneigt war. Im nächsten Augenblick aber war ihm auch klar, dass er sich damit keinen Gefallen tun würde. Er brauchte einen Moment, um sich zu sammeln, dann riss er sich zusammen.

„Herr Oberstleutnant, das ist ein sehr verlockendes Angebot, herzlichen Dank dafür. Aber ich möchte gerne meine Ausbildung zum Koch hier fertigmachen, und das ginge dann nicht mehr. Deshalb kann ich das leider nicht annehmen, so sehr es mich auch reizen würde!" Sein Mund war ihm trocken geworden.

„Verstehe", sagte nachdenklich sein Gegenüber, und musterte ihn ernst. „Und ich respektiere natürlich Ihre Entscheidung. Ich selbst würde es auch nicht anders machen an Ihrer Stelle", fügte er herzlich hinzu. „Haben Sie denn Ambitionen, zu verlängern?"

Bertram wusste, dass er seine Vertragslaufzeit ansprach. Das war jetzt ein etwas heikles Thema, aber er brachte seine Antwort schnell und für ihn selbst sehr überzeugend vor:

„Nein, Herr Oberstleutnant, ich will mich danach gerne selbstständig machen!" Es gab wieder ein kurze

Pause, bis der Offizier nickte. „Tja, dann kann ich momentan wohl nichts weiter für Sie tun, Soldat. Außer, Ihnen alles Gute zu wünschen, natürlich!" sprach er, und stand auf. Auch Bertram erhob sich.

„Aber Sie sollen wissen, dass Sie sich immer an mich wenden können, falls einmal Not am Mann sein sollte, vergessen Sie das nicht!" Mit diesen Worten streckte er ihm die Rechte hin, die Bertram herzhaft ergriff. „Jawoll, Herr Oberstleutnant, danke! Auf Wiedersehen." Dann stand er stramm, grüßte, und meldete sich ab.

Eine Woche nach diesem denkwürdigen Gespräch wurde Bertram W. zum Hauptgefreiten befördert. Sein Stuffz hatte ihm zwar noch ein paar misstrauische Fragen gestellt, die Bertram aber mit Verweis auf erhaltene Anweisungen für den anstehenden Offiziersabend halbwegs schlüssig zu beantworten gewusst hatte. Seinen Kommandeur hatte er seither nur noch von Weitem kurz gesehen, ebenso das bewusste Etablissement, von dem er sich seither fernhielt.

Nach Ende seiner zweijährigen Dienstzeit, die ihm mit einer großzügigen Abschlusszahlung von knapp über DM 2.000,- vergoldet wurde, verdingte er sich zunächst als Hilfskoch bei einer kleinen Cateringfirma. Was man seinerzeit noch profan als Verpflegungsservice zu bezeichnen pflegte, war jedoch meilenweit von heutigen Standards an Servicequalität, Raffinesse und effizienter just-in-time-Logistik entfernt. Nachdem er bald feststellen musste, dass sich hinsichtlich Anspruch und Essensqualität dort keine wirklich signifikanten

Unterschiede zu seiner Bundeswehr-Küche abzeichneten, und die Bezahlung in krassem Missverhältnis zu den Arbeitszeiten und -bedingungen stand, hielt es ihn auch dort nicht lange. Er beschloss, dass es an der Zeit war, seinem Traum zu folgen, und sich selbstständig zu machen. Ein eigener Imbiss war das, was ihm ohnehin schon länger vorschwebte. Ein Kassensturz machte ihm aber schnell klar, dass seine Zielvorstellungen und sein Budget unrealistisch weit auseinander lagen.

Hier galt es also, seine Pläne den Realitäten anzupassen. Dennoch machte er sich daran, im Vorfeld schon einmal alle behördlichen Auflagen abzuklären. Dank seiner soldatischen „Küchenkarriere" gab es nur wenige bürokratische Hürden für ihn zu überwinden – wenigstens dies ein Lichtblick.

Blieb die Frage, wie er das benötigte Grundkapital für ein Imbissmobil seiner Vorstellung auftreiben sollte. Die Alternative, zunächst abhängig weiterzuarbeiten, und so das benötigte Geld anzusparen, reizte ihn nicht wirklich. Für einen Bankkredit fehlte ihm aber ein möglicher Bürge, da er keinerlei Sicherheiten oder pfändbare Güter vorzuweisen hatte. Außerdem behagte ihm der Gedanke nicht, Andere mit dem immerhin möglichen Risiko seines Scheiterns zu belasten.

Die Lösung seines Dilemmas zeichnete sich ab, als er eines schönen Sommernachmittags mit ein paar Freunden ein Feuerwehrfest besuchte. Dort gab es etwas, das seinen Plänen eine völlig neue Richtung gab: Eine kleine, rot lackierte Feldküche auf einem Anhänger, um die sich die hungrigen Leutchen scharten. Eine Gulaschkanone, das war's! Dass er darauf nicht gleich gekommen war! Aber beim Bund war ihm dieses Gerät nicht wirklich attraktiv erschienen, jedenfalls nicht in Bezug auf die Aussicht, damit womöglich eine eigene Existenz aufzubauen. Später hatte er sich einfach zu sehr auf diesen Imbisswagen versteift, dabei war das hier viel origineller, einfacher, und wahrscheinlich auch lohnender.

Außerdem wusste er natürlich, dass es ausgemustertes Bundeswehrmaterial über die VEBEG (Verwertungsgesellschaft für Bundeseigentum) günstig zu ersteigern gab. Frohgemut verbrachte er einen hochgestimmten Abend, und begann die darauffolgende Woche umgehend mit entsprechenden Nachforschungen.

Wie es der glückliche Zufall wollte, waren im aktuellen VEBEG Ausschreibungskatalog (es gab noch kein Internet) gleich mehrere geeignete Objekte gelistet. Ein weiterer Aspekt war bei seiner neuen Planung allerdings ebenfalls zu berücksichtigen: Für den Feldküchen-Anhänger war natürlich ein geeignetes Zugfahrzeug vonnöten. Dieser Umstand erwies sich bei näherer Betrachtung jedoch eher als Vorteil, denn im Gegensatz zu einem motorisierten Imbisswagen (bei dem er seine gesamte Küche samt Inhalt stets mitgeschleppt hätte) würde er so viel beweglicher agieren können. Ohnehin war der Verkauf seines Privatwagens schon vorab kalkulatorisch in seine bescheidene Budgetplanung eingeflossen. Auf diesen Luxus würde er dann künftig erst recht leicht verzichten können.

Und so gab er neben dem Gebot für eine ausgemusterte, aber anscheinend noch funktionstüchtige Feldküche auch eines für einen kurzen Mannschaftswagen mit LKW-Anhängerkupplung ab. Ein entsprechender Führerschein der Klasse 2 war ebenfalls einer der wenigen werthaltigen Bestandteile seiner Bundeswehr-Ausbildungszeit gewesen, von denen er jetzt profitieren konnte.

Die noch verbleibenden Wochen bis zum erwarteten Zuschlag (er war mit seinem Gebot bis an die Grenzen seiner finanziellen Möglichkeiten gegangen) war Bertram mit konzentrierten Vorbereitungen beschäftigt. Im Hinterhof einer Mietskaserne konnte er für kleines Geld ein ausgedientes Waschküchenhäuschen und zwei benachbarte Garagen anmieten, wo er sein Hauptquartier aufzuschlagen gedachte. Die Räumlichkeiten stattete er mit allen nötigen Utensilien aus, die er zum Teil auf Flohmärkten und aus Liquidationsbeständen zusammenkaufte. Schließlich bemühte er sich um die nötigen Genehmigungen, die ihm erlauben sollten, seine Gulaschkanone bei allen größeren Volksfesten, Veranstaltungen und Messen im Umkreis von 50 Km in Stellung zu bringen. Er hatte auch schon eine durchschlagende Idee, wie er sich am besten auf diesem zunehmend hart umkämpften Terrain positionieren wollte:

Obwohl er von Marketing herzlich wenig Ahnung hatte, ließ er sich, wiederum von einem Freund, eine lustige Zeichnung von einer überdimensionalen Kanone anfertigen, an deren ausgefahrenem Kanonenrohr ein dampfender Fleischkessel hing. Darüber stand in fetten Lettern: BERTRAM's DICKE BERTA (den notorischen Fehler des überflüssigen Genitiv-Apostrophs sahen ihm sein Kunden später nicht nur nach, sondern sie nahmen ihn schlichtweg nicht als solchen zur Kenntnis. Mit dieser Zeichnung ließ er sich nun Handzettel drucken, auf denen sein überschaubares und preiswertes Verpflegungsangebot ausgelobt wurde. In einem separaten Feld konnte er per Stempel den jeweils nächsten Standort seiner BERTA nebst Datum aktuell selbst eintragen. Die Zettel vervielfältigte er dann im Copyshop. Zu Zeiten, als Druck noch richtig Geld kostete, verfügte er so über ein modulares und deshalb recht preisgünstiges Werbemedium, das er die nächsten Jahre erfolgreich und ohne nennenswerte Modifikationen einsetzte. Lediglich gewisse Preisanpassungen (u.a. nötig durch Anhebungen des Mehrwertsteuersatzes und gestiegene Rohstoff- und Energiepreise) zwangen ihn in der Folge zu geringfügigen Überarbeitungen und Neuauflagen.

Selbst später, als er schon vier seiner Feldküchen im Einsatz hatte, hielt er im Prinzip an dieser Art Werbung fest (auch wenn er die Handzettel dann schon am PC erstellte und selbst ausdruckte), und verankerte seine DICKE BERTA damit als Markenzeichen in seiner Region.

Um schließlich seine erste Gulaschkanone befüllen, und seinen gastronomischen Eroberungsfeldzug beginnen zu können, musste er letztlich dann aber doch noch die für ihn stattliche Summe von DM 5.000,- bei einem Freund leihen. Denn die von ihm glücklich ersteigerten Bundeswehrfahrzeuge erwiesen sich zwar als von robuster Konstitution, waren jedoch durchaus noch revisionsbedürftig - zumal er damit erst noch eine amtliche Abnahme bestehen musste, bevor er sie in Betrieb nehmen konnte. Auch das waren Investitionen, die sich, dank der tatkräftigen Unterstützung eines kundigen Werkstatt-Freundes, in überschaubarem Rahmen halten ließen. Bei dieser Gelegenheit versah Bertram seinen kleinen Küchenfuhrpark mit einem freundlichen Anstrich in gelb und orange.

Der Knaller war allerdings das ausfahrbare, zweidimensionale „Kanonenrohr" auf seiner Kochlafette: Damit seine DICKE BERTA schon von weitem besser zu sehen war, übertrug er das Motiv der Zeichnung auf eine Konstruktion aus Blechtafeln, die sich teleskopartig diagonal in die Höhe liften und arretieren ließen.

Sein Konzept erwies sich von Anfang an als tragfähig. Je nach Jahreszeit und Umfeld bot er preisgünstig herzhafte Gulasch- oder auch klassische Eintopfgerichte mit Rindswurst an. Die Leute wurden auf zünftige Art satt, und die gute Qualität seiner Speisen sprach sich schnell herum – der Fast-Food-Siegeszug der Hamburgerketten oder der Vegetarismus-Trend ließ noch auf sich warten. Und so entwickelte sich Bertram W.s kleines Unternehmen in den Folgejahren so erfreulich, dass er sich irgendwann nur noch um die Logistik und Administration kümmern musste, um seine kleine Verpflegungsarmee zu dirigieren, und den Nachschub zu sichern.

Mit den ausgehenden 80ern begann sich jedoch im gesamten gesellschaftlichen Umfeld ein Wandel abzuzeichnen, der sich besonders auch in den Konsumgewohnheiten der Leute niederschlug. Bockwurst war zunehmend out, statt dessen hatte man „Bock" auf edlere und feinere Genüsse – das Zeitalter cateringgestützter Events brach an. Bertram W. war mittlerweile Unternehmer genug, um diese Veränderungen zu registrieren, und seine eigenen Schlussfolgerungen zu ziehen. Auf bestimmten Veranstaltungen war es buchstäblich so, als würde er mit seinen Gulaschkanonen auf Spatzen zielen, deshalb begann er sein Geschäftsmodell zu modifizieren, und nebenbei eine differenziertere Cateringlinie aufzubauen.

Seine Kanonen warfen derweil auf den zünftigeren und massentauglichen Veranstaltungen nach wie vor gute Erträge ab. Großevents, Bundesligaspiele, Musikfestivals oder Volksfeste waren immer sichere Ertragsbringer. Dennoch wäre Bertram W.s mobiler Gastronomiebetrieb ohne gewisse äußere Einflüsse wohl kaum je über den Status eines soliden und gut florierenden Kleinunternehmens hinaus gekommen. Mit dem Fall der Berliner Mauer fiel dann auch für ihn so etwas wie der Startschuss in eine neue Ära.

Diese begann ca. drei Jahre nach dem Mauerfall mit dem Besuch einer Gastronomie-Fachmesse, wo unser Mann sich küchentechnisch auf den aktuellen Stand bringen wollte, und sich auch neue Impulse für sein Catering-Geschäft erhoffte. Wie stark und weitreichend diese Impulse letztlich sein sollten, konnte er zu diesem Zeitpunkt allerdings noch nicht annäherungsweise erahnen.
Im Nachhinein war es eines dieser schicksalhaft zu nennenden Zusammentreffen, die geeignet sind, unse-

rem Leben und Streben eine entscheidende Wendung zu geben. Am Stand eines ausländischen Herstellers, der eine neuartige, computergesteuerte Kühl- und Auftautechnologie entwickelt hatte, hörte sich Bertram W. plötzlich von der Seite angesprochen:

„Na, Herr Gulaschkanonier, wie sieht's aus an der Verpflegungsfront?"
Es brauchte einen Moment, um den Mann, die Stimme und das Erscheinungsbild zu einem Erkennungsmuster zusammenzufügen. Schließlich gelang es ihm, denn trotz der langen Zeit hatte der Mann sich nicht fundamental verändert. Und obwohl er ihn auch nur dieses denkwürdige eine Mal in Zivilkleidung gesehen hatte, erkannte er seinen früheren Bataillonskommandeur spontan wieder. Fast hätte er reflexartig die Hacken zusammengeknallt und Grundstellung eingenommen – *„Einmal Soldat, immer Soldat!"* wie sein Großvater immer so markig bemerkt hatte. Er riss sich aber gerade noch rechtzeitig zusammen, um den Mann nur mit herzhaftem Händedruck zu begrüßen.

„Herr Kommandeur!" Natürlich wusste Bertram den Namen seines ehemaligen obersten Vorgesetzten nicht mehr, was ihm eine gewisse Befangenheit bescherte, die ihm sein Gegenüber aber sogleich zu nehmen wusste:

„Nein, mein Bester, seit vorletztem Jahr bin ich Zivilist – na, jedenfalls so gut wie!" setzte er hinzu, und grinste breit. „Jetzt, wo das amtlich ist, können wir vielleicht einfach Du sagen, oder? Ich heiße Werner!"

„O.K., ich bin Bertram" sagte Bertram, und kam sich ziemlich komisch dabei vor, deshalb ergänzte er:

„Sie, äh, Du weißt schon, der mit der Dicken Berta!" Ihm wurde bewusst, wie blöd das klang, deshalb fiel er erleichtert in das Lachen seines neuen Duz-Kameraden ein. Damit war diese Klippe erfolgreich umschifft, und man begab sich gemeinsam zu einem der zahllosen Verpflegungsstände auf dem Messegelände, um eine ausführliche Lagebesprechung abzuhalten. Schließlich waren seit ihrer letzten Begegnung mehr als zehn Jahre ins Land gegangen.

Wie sich zeigte, war Werner – Bertram konnte sich anfangs schwer an das Du gewöhnen, und vermied die direkte namentliche Ansprache – bestens informiert über das gastronomische Erfolgskonzept der „Dicken Berta". Er selbst hatte wohl schon das eine oder andere Mal dort eine Mahlzeit eingenommen, schließlich deckten die charakteristischen Gulaschkanonen doch ein gewisses Einzugsgebiet ab.

„Gastronomische Streuwirkung" - wie es der Ex-Kommandeur scherzhaft militärisch ausdrückte. Natürlich wollte er dann auch wissen, was Bertram auf die Messe geführt hatte, und gratulierte ihm zu dessen Catering-Aktivitäten.

„Gulaschkanone ist out! Das hast Du ganz richtig erkannt. Und das gilt auch für die Bundeswehr, so viel ist 'mal ganz sicher!" Die letzte Äußerung gab Bertram Gelegenheit, Werner nach dem Grund seines militärischen Ausscheidens und dem Anlass für seinen Messebesuch zu fragen.

Wie der ihm auseinandersetzte, hatte auch bei der Bundeswehr die deutsche Wiedervereinigung für nachhaltige Umwälzungen gesorgt, von der Neubewertung der Bedrohungslage bis hin zur Integration der ehemaligen DDR-Streitkräfte.

„Kurz: schon 1991 war absehbar, dass für mich das Ende der Fahnenstange erreicht war." brachte Werner es auf den Punkt. „Deshalb habe ich beschlossen, meine militärische Laufbahn zu beenden, oder zu modifizieren, könnte man sagen." Da Bertram sich erkennbar darunter nichts vorzustellen wusste, erläuterte es Werner ihm wie folgt:

„Ich bin jetzt im Bundesministerium für Verteidigung, Abteilung für Beschaffung und Logistik. Ziviler Staatsdienst mit militärischem Hintergrund, wenn man so will." Auf der Gastro-Messe wollte er sich einen Überblick zum Stand der aktuellen Technologie im Verpflegungssektor machen, erklärte er weiter.

„Schließlich wurde noch kein Krieg der Welt nur mit Waffen gewonnen, mit der Verpflegungslinie steht und fällt alles!" führte er aus. „Aber wem erzähl' ich das!", lachte er dann. Bertram hörte weiter aufmerksam zu, besonders, als Werner auf die Verpflegungsanforderungen im Zeitalter moderner Kriegführung zu sprechen kam. Viele Aspekte kamen ihm aus seiner eigenen Gastronomiepraxis vertraut vor: Flexibilität, Mobilität, Abrufbarkeit, Kalkulierbarkeit, Vorratssicherung, Schnelligkeit...

Werner lächelte wissend, als er ihn auf die vielen Gemeinsamkeiten hinwies. „Gut erkannt, Soldat, sehr gut erkannt!" lobte er scherzhaft, um dann ernst fortzufahren: „Wir stehen vor tiefgreifenden technischen und logistischen Umwälzungen in der militärischen Versorgung und im Nachschub. Heute haben wir es zunehmend mit mobilen und hochflexiblen kleineren Einheiten zu tun. Aber auch mit der Anforderung, im Notfall schnell reagieren und aufstocken zu können. Ich habe hier auf der Messe ein paar interessante Sachen gesehen, aber das sind trotzdem alles nur partikuläre Ansätze. Gut als Denkanstöße, aber nicht tragfähig als ganzheitliche Lösung. Was es braucht, ist ein modulares Gesamtkonzept, wenn Du verstehst, was ich meine!" Bertram verstand den Grundgedanken, weil auch er selbst schon Überlegungen in dieser Richtung angestellt hatte, um seine Catering-Linie rationeller und flexibler auf den Markt und an Nachfrageschwankungen anpassen zu können. Jetzt, so konkret ausformuliert, war es ein Gedanke, der ihn förmlich elektrisierte, zumal Werner nochmal nachlegte:

„Da steckt ein gewaltiges Potenzial drin, wenn erst einmal einer mit einer brauchbaren Lösung auf den Markt kommt, dessen bin ich sicher!"
Abends in seinem Hotelzimmer musste Bertram immer wieder an diese Worte zurück denken. Die Männer hatten nach ihrer langen Unterredung ihre Visitenkarten ausgetauscht, und Werner hatte ihn vor ihrem Abschied noch ausdrücklich ermuntert, ihn in seiner Behörde zu kontaktieren, falls er je eine gute Idee hätte. Werner war noch am selben Abend abgereist, aber Bertram nahm anderntags die Messe und ihre Aussteller nochmals unter ganz neuen Vorzeichen in Augenschein. Er fand schließlich zwei Hersteller, deren Equipment technologisch und von der Ausrichtung her in sein noch rohes Gedankenkonzept passen konnten, und fuhr anschließend mit einem prickelnden Ge-

fühl und den Kontaktdaten der Geschäftsführer im Gepäck zurück nach Hause.

Innerhalb des kommenden Jahres schaffte er es, neben dem ohnehin schon aufreibenden Tagesgeschäft die Grundzüge eines modularen und skalierbaren, transportablen Verpflegungslogistik-Konzepts zu skizzieren. Im Prinzip ging es um gleichartige Einsatzmodule, die sich mit geringem Aufwand zu fast jeder Konstellation und Größe kombinieren ließen. Dabei war ihm ein befreundeter Ingenieur behilflich, mit dem er die technischen Voraussetzungen auf Realisierbarkeit und Kalkulation abklopfte.

Zwischenzeitlich hatte er seinen „Dicke Berta"-Geschäftsbereich komplett zu einem ordentlichen Preis an einen ehrgeizigen Jungunternehmer abgestoßen, der die kleine Gulaschkanonen-Armee der „Dicken Bertas" in den neuen Bundesländern erfolgreich zu neuen Feldzügen führte.

Der Verkauf verschaffte Bertram zeitlich wie finanziell den nötigen Spielraum, sein Konzept weiter zu verfeinern. Dann war es eines Tages soweit, und er wählte mit Herzklopfen die bewusste Durchwahlnummer im Beschaffungsamt.

Wie sich herausstellte, war Werner nicht nur erfreut, von ihm zu hören, sondern stand auch zu seinem Wort: Keine Woche später war Bertram in Bonn und konnte dort die Grundzüge seine Konzepts vorstellen. Werner zeigte sich beeindruckt, und wollte natürlich auch wissen, wie „der Realisierungshorizont" aussehe. Wahrheitsgemäß führte Bertram aus, dass er einen Industriepartner bräuchte, wenn er über das Konzeptstadium hinauskommen wollte. Bevor er hier konkret auf geeignete Unternehmen zuginge, wollte er aber natürlich im Vorfeld abklären, ob es wirklich konkretes Potenzial für sein Konzept gäbe. Dies konnte ihm Werner definitiv bestätigen, und versprach, amtsintern einen weiteren Kontakt für ihn herzustellen, sobald belastbare Daten und Entwürfe vorlägen.

Mit dieser Zusage im Gepäck startete Bertram in die Sondierungsphase, und trat zunächst mit den von ihm für geeignet gehaltenen Unternehmen in Kontakt. Hier war nun äußerstes Fingerspitzengefühl und diplomatisches Geschick gefordert, um keine schlafenden Hunde zu wecken. Erfahrungsgemäß dienten Geheimhaltungsvereinbarungen mehr der psychologischen Kosmetik, zumal sie für Konzeptideen, wenn sie nicht patentierbar sind, kaum je eine wirksame juristische Absicherung gewährleisten. Umso mehr, wenn die Gier angesichts eines möglichen Staatsauftrags entfacht wird. Denn dies war natürlich Bertrams Türöffner in die Chefetagen. Wie sich allerdings schnell zeigte, mangelte es dort dann doch am nötigen Weitblick und Innovationsverständnis, was Bertram zwang, auf ein benachbartes EU-Land auszuweichen. In Belgien fand er schließlich eine Firma, die im Bereich der Schiffsausrüstung tätig war, und zusätzlich über die entsprechende Expertise in der Gastronomietechnologie, Kühltechnik und Verpflegungslogistik verfügte.

Die Firmenleitung signalisierte auch die nötige Bereitschaft, gewisse Vorleistungen mitzutragen. Laut einer vorsorglichen Recherche, die Werner für Bertram veranlasst hatte, handelte es sich um ein seriöses Unternehmen, welches auch schon für die belgische Regierung tätig gewesen war. Auch sollte es ggf. kein Problem sein, ein ausländisches Unternehmen zu beauftragen, wie Werner meinte, obwohl die gängige Vergabepraxis deutschen Firmen den Vorzug gäbe.

Mit diesem Informationshintergrund beschloss Bertram, ins Risiko zu gehen, und diese Firma als Kooperationspartner zu gewinnen. Gemeinsam wurde ein bis dato neuartiges Modulsystem für die mobile Verpflegung kleiner, mittlerer sowie großer Einheiten entwickelt, inklusive der Bevorratung und logistischen Bewirtschaftung (sprich: Bereitstellung von Equipment, Bevorratung, Entsorgung, etc.) und dem Bundesministerium präsentiert. Dank seiner Modulbauweise konnten die einzelnen Segmente problemlos zu Land zu Wasser und in der Luft transportiert werden, und waren in nahezu jeder Größenordnung miteinander kombinierbar. Ein individuell skalierbares Modulsystem. Nach damaligen Maßstäben eine kleine Revolution in der Versorgungslogistik, das sah man auch im Verteidigungsministerium so. Nach intensiver Prüfung, die anderthalb Jahre in Anspruch nahm, wurde der Auftrag für eine erste Prototypen-Entwicklung erteilt.

Mittlerweile hatte Bertram zusammen mit dem belgischen Partner eine eigene Ausgründung getätigt, die ausschließlich mit diesem Projekt befasst war. Nach erfolgreichen Testreihen der Prototypen unter Manöverbedingungen wurde das System noch in zahlreichen Punkten optimiert, und schließlich der finale Auftrag erteilt. Es handelte sich um ein Auftragsvolumen von anfangs 30 Mio. DM. Wie sich das Volumen späterhin darstellte, unterliegt der Geheimhaltung.

Nachdem der Auftrag unter Dach und Fach war, explodierte die Nachfrage regelrecht, da nahezu alle europäischen NATO-Partner Interesse an dem System zeigten. Im Jahr 2003 veräußerte Bertram seine Anteile an der AG, in welche das Unternehmen zwischenzeitlich umgewandelt worden war, und gründete eine eigene Firma, die das Modulsystem und seine Komponenten für den Cateringbereich adaptierte und vertrieb. Denn auch in der modernen Event-Gastronomie geht es bisweilen zu wie auf dem Schlachtfeld. Dieses Unternehmen avancierte schnell zum Weltmarktführer in seinem Sektor.

Bertram W. hat sich mittlerweile aus dem operativen Geschäft zurückgezogen, und verbringt gemeinsam mit seinem guten Freund Werner, der seine vorgezogene Pension genießt, gelegentlich ein paar gemeinsame Urlaubswochen an kulinarisch interessanten Orten dieser Welt. Aber für eine wirklich gute Currywurst muss man heute manchmal auch ganz schön weit fahren, nicht wahr?

V. Volles Risiko

Um bei Null anzufangen, muss man als Unternehmer oder Unternehmerin nicht zwangsläufig mit Nichts anfangen. Wichtig ist, überhaupt anzufangen, nach Möglichkeit mit dem Richtigen anzufangen, es vor allem richtig anzufangen, und es schließlich und endlich auch zum guten Erfolg zu führen. All' das trifft auf eine Frau zu, die sich, mitten in der Hochphase ihrer Selbstständigkeit als Mitinhaberin einer Werbeagentur, entschloss, etwas völlig Neues anzupacken.

Beispiel 5 |
Von der Überzeugung getragen, das Richtige zu unternehmen: Die wundersame Wandlung einer Werberin zur wagemutigen Textilfabrikantin

Was Sina Trinkwalder seinerzeit widerfuhr, ließe sich durchaus als eine Art Erweckungserlebnis verstehen: Die selbstständige erfolgreiche Werbeberaterin wird eines Tages Zeuge, wie ein abgerissener Mann ein gerade von ihr weggeworfenes Glamour-Magazin wieder aus dem Müll fischt. Sie kommt mit dem Wohnsitzlosen ins Gespräch, und ihr bisher wohlgefügtes Weltbild gerät ins Wanken. In der Folge beginnt sie den Sinn Ihres Tuns, wie auch die Werte wie Mechanismen unserer kapitalistischen Gesellschaft, kritisch zu hinterfragen. Diese Infragestellung, auch ihrer eigenen Überzeugungen, Wertvorstellungen und Gewohnheiten, gerät so fundamental, dass die junge Mutter zu einer Entscheidung gelangt, die nicht nur ihrem eigenen Leben und Wirtschaften eine spektakulär neue Ausrichtung gibt. Das eigentlich Bemerkenswerte an dieser Erfolgsgeschichte, die sie unter dem Titel „Wunder muss man selber machen" in Buchform erzählt, ist die Tatsache, dass Ihr neues Unternehmertum als Textilfabrikantin explizit nicht vom Streben nach Gewinn und Wohlstand getragen wird: Ihr wichtigster Antrieb und ihre zentrale Zielidee ist darauf ausgerichtet, Menschen einen sicheren Arbeitsplatz zu verschaffen.

Und zwar besonders Menschen, die im regulären Arbeitsmarkt so gut wie chancenlos wären, oder denen allenfalls noch prekäre Beschäftigungs- oder Lebensverhältnisse blieben. Das betrifft in erster Linie Frauen, seien sie nun allein erziehend, oder aus anderen Gründen, z.B. altersbedingt, nicht mehr attraktiv für den gnadenlosen Arbeitsmarkt.

Nicht nur deshalb trägt ihr Buch auch den Untertitel: „Wie ich die Wirtschaft auf den Kopf stelle." Nach ihrem Verständnis stellt sie allerdings einige fatale Fehlentwicklungen unseres Wirtschaftssystems zunächst fundamental in Frage, um sie dann vom Kopf wieder auf die Füße zu stellen. Dafür setzt sie, mit voller Unterstützung ihres Mannes, ihren eigenen bisher gemeinsam erworbenen Wohlstand und alle damit verbundenen Sicherheiten aufs Spiel, und zusätzlich alle verfügbaren Kräfte ein.

Mindestens ebenso unorthodox wie ihr primäres Unternehmensziel ist ihre Herangehensweise, denn eigentlich zäumt sie ihr Pferd komplett von hinten auf: Nicht etwa eine revolutionäre neue Geschäftsidee, keine innovationsgetriebene Branche, kein smartes Start-up, auch kein neuer und attraktiver Absatzmarkt schwebt ihr vor. Wenn man ihrer Darstellung der Anfangsphase folgt, ging es bei den Überlegungen, die sie gemeinsam mit ihrem Mann anstellte, primär um die Frage, welche Art Unternehmen möglichst viele bedürftige Menschen anständig und dauerhaft in Lohn und Brot bringen könnte! Als Werberin war sie lange den Mechanismen und Denkmustern einer zwar hoch profitablen, dabei aber im Grunde doch unproduktiven und wertebeliebigen Branche ausgesetzt gewesen – wahrscheinlich zu lange, um deren halbseidenen Verheißungen weiter zu erliegen. Insofern gab es wohl auch bei ihr eine Sehnsucht nach etwas Solidem, Greif- und Begreifbarem, was, wie sie schildert, zur Entscheidung führte, konkrete Produkte herstellen zu wollen. Nur welche?

Auch hier folgt ihre Entscheidung einem unkonventionellen Denkweg. Ausgerechnet in der heimischen Textilfabrikation, deren Blütezeit schon vor Jahrzehnten ihren scheinbar unwiderruflichen Niedergang erfuhr, will sie einen Neubeginn wagen. Und sie setzt noch einen oben drauf: Ihre Produktion soll nicht nur Arbeitsplätze schaffen, sondern ausschließlich nach ökologischen Standards regional erzeugte Rohware verarbeiten, und das zu sozialverträglichen Konditionen. Oder wie sie es auf S. 28 ihres höchst lesenswerten Buches selbst formuliert:

„Meine Idee für eine Firma war kein Produkt, sondern der Mensch."
Wer hier die idealistischen Projektionen eines notorischen Gutmenschen und Weltverbesserers am Rande

des Größenwahns hinein interpretieren wollte, hätte sicher leichtes Spiel. Entsprechend fallen auch die Reaktionen vieler Mitmenschen aus, die sich anfangs mit ihren Plänen und Zielvorstellungen konfrontiert sehen. Zumal sich die Fabrikantin in spe auf ihr völlig neuem Terrain bewegt, unangekränkelt von fachlichem Knowhow, und zu allem Überfluss getrieben von der Idee, den abgewirtschafteten Textilstandort Augsburg wiederbeleben zu wollen. Was die resolute junge Dame jedoch nicht anficht, sondern in ihrem Bestreben eher noch bestärkt. Denn zu ihren herausragenden Persönlichkeitsmerkmalen gehört, Neues ohne Scheu anzupacken, selbst erlernen zu wollen und wohl definitiv auch zu können. O-Ton Trinkwalder:

„Es gibt viele Dinge, die ich kann. Aber es gibt etwas, was mir überhaupt nicht gelingt: aufgeben." (S. 143)

Diese Eigenschaften befähigen Sie zu wagemutigem Unternehmertum, was sie immer wieder höchst eindrucksvoll unter Beweis stellt. Ihre Schilderungen im Buch lassen keinen Zweifel aufkommen, dass ihr Erfolg zu großen Teilen auf ihre Überzeugung, ihren Willen und die Bereitschaft, sich selbst schonungslos einzubringen, zurück zu führen ist. Das schafft das Gravitationsfeld, mit dem sie die Motivation und die Energie ihrer Mitstreiter/innen auf ihre Umlaufbahn bringt. Mit einer bewundernswerten Frustrationstoleranz gelingt es ihr, auch die aberwitzigsten Situationen zu meistern. Klein beizugeben ist für diese Überzeugungsunternehmerin definitiv keine Option. Punkt.

Dass sie bei nahezu allen Entscheidungen, auch den weitreichendsten, hemmungslos intuitiv vorgeht, ist vielleicht ihre faszinierendste Qualität in Zeiten exzessiver Controlling-und Effizienz-Wahnvorstellungen – und der Erfolg gibt ihr –anscheinend– Recht.

Sogar ihre Grundidee, eine Näherei zu eröffnen, geht letztlich wiederum auf eine zufällige Begegnung mit einer seit Jahren arbeitslosen Näherin auf einem Kinderspielplatz zurück. Wie sie in Kapitel 4 ausführt, vertritt sie von jeher die Meinung, dass Erfolg das Resultat von Mut, wirtschaftlicher Erfolg das Ergebnis von Menschenverstand sei. Schließlich funktioniere nie etwas nach Plan – vor allem nicht die Wirtschaft (S.61).

Allerdings hat sie ihre ganz eigene Definition von wirtschaftlichem Erfolg, wie sie u.a. im Kapitel 16 ihres Buches unter der Überschrift „ 100 % öko, 200 % Erfolg, 0 % Kohle" darlegt. Ihre Erfolgsparameter unterscheiden sich in wesentlichen Punkten radikal von denen, die unsere heutige kapitalistische Marktwirtschaft beherrschen – ganz einfach, weil sie andere Prioritäten ihres unternehmerischen Engagements sieht und setzt.

Nicht Gewinnmaximierung ist ihr Ziel, sondern die Maximierung von Existenzsicherheit und fair bezahlten Arbeitsplätzen für möglichst viele Menschen, und das unter ökologisch verantwortlichen Bedingungen. Wertschätzung und Wertschöpfung sind Schlüsselbegriffe ihrer unternehmerischen Geisteshaltung. Das sind hohe Ansprüche, die ein elementares Umdenken und einen fundamentalen Paradigmenwechsel, zumindest im heutigen industriellen Umfeld, bedeuten. Zu ihrem Glück ist sie mit diesem Denken nicht ganz allein, denn ohne das Vertrauen und die Unterstützung bereits etablierter und leistungsfähiger Partnerunternehmen mit ähnlicher Grundüberzeugung (wie z.B. DM oder Edeka) würde ihre Erfolgsbilanz sicher anders aussehen.

Doch mag Trinkwalder auch äußerst starrköpfig und eigenwillig sein – wirklichkeitsfremd und eingebildet ist sie sicherlich nicht. Ihre Stärke und Überzeugungskraft bezieht sie aus dem unerschütterlichen Wissen, das Richtige nicht nur zu wollen, sondern es mit voller Energie auch zu tun. Und wenn sie ihre Ziele bisher stets erreicht hat, dann sicher auch deshalb, weil sie sich teilweise jenseits konventioneller Denkmuster, Mittel und Wege bewegt. Das fordert seinen Tribut, denn ohne Lehrgeld und Reibungsverluste kann so etwas nicht vonstatten gehen. Gerade deshalb aber ist Sina Trinkwalder ein Paradefall für eine Erfolgsstory im Sinne unseres Buchtitels: Denn sie hat ihre eigene Definition von Reichtum, den es zu erringen lohnt, und sei es um den Preis, darüber selbst an seine physischen und psychischen Belastungsgrenzen zu kommen, Zitat:

„...Meine Haare wurde grau, und meine Haut wurde fahl und alt. Mein Körper rebellierte, und ich ignorierte es. Es blieb mir nichts anderes übrig. Ein Zurück wäre undenkbar gewesen....."

Und so gelingt ihr, unter Aufbietung aller Kräfte und Reserven, das scheinbar Undenkbare, am Standort Augsburg zuerst eine Nähmanufaktur aus dem Boden zu stampfen, und diese dann sehr schnell in eine veritable Textilfabrikation weiter zu entwickeln. Aktuell

(Stand: März 2014) sind dort rund 280 Arbeitskräfte in Lohn und Brot. Die gesamte Story der mittlerweile vielfach ausgezeichneten Sina Trinkwalder und ihres Erfolgsunternehmens „Manomama" ist ein Lehrstück in Sachen Selbsterkenntnis, Selbstbestimmung, Selbstständigkeit, Selbstbewusstsein, Selfmade-Persönlichkeit, kombiniert mit einem hohen, aber lohnenden Maß an Selbstausbeutung. Unbedingt nachzulesen, nachzuempfinden, nachdenklich machend, aber nicht für Jedermann/jede Frau nachahmenswert: „Wunder muss man selber machen" von Sina Trinkwalder [*4].

Nachsatz: Auf Grund aktueller Entwicklungen im Oktober/November 2014 hat Trinkwalders Konzept von unerwarteter Seite einen deutlichen Dämpfer erhalten: Wie es zum Zeitpunkt des Schlusslektorats dieses Buches den Anschein hat, gab es konkrete Hinweise darauf, dass der Drogeriemarktfilialist DM, ein wesentlicher Unterstützer der Anfänge, sowie aktuell größter und wichtigster Auftraggeber des Trinkwalder-Unternehmens, mit unlauteren oder mindestens intransparenten Methoden operierend, die bestehende Lieferantenbeziehung hinterrücks unterlaufen, wenn nicht nachhaltig beschädigt hat (Stichwort: „Taschengate"). Wir werden den weiteren Verlauf beobachten, da nicht nur die Glaubwürdigkeit von DM auf dem Spiel steht, sondern womöglich auch Sina Trinkwalders Geschäftsmodell gefährdet ist: durch die fatale Abhängigkeit von einem bisher als verlässlich und loyal eingestuften Auftraggeber und Geschäftspartner (siehe auch >Multiplikatoren, >Nachhaltigkeit).

VI. Aufstieg und Absturz

Auf „Hausse" folgt „Baisse" - eine so triviale wie praxiserprobte Börsenregel, welche die unerbittlichen Härten des Kapitalistendaseins emotionslos auf den Landepunkt bringt. Denn gerade einem kometenhaften Aufstieg folgt oft genug sein komplementäres Gegenteil – mit unbarmherzig hartem Aufprallerlebnis in den Untiefen der sich daraus ergebenden Realitäten.

Beispiel 6|
Von unbekümmerten Studenten zu unbeschwerten Millionären - und zurück zu schuldenbelasteten Existenzen.

Wer immer heute beklagt, dass unser Bildungssystem ehemals als elementar erkannte Inhalte und Fertigkeiten nicht mehr ausreichend vermittelt, hat leider nur zu recht. Ob Sportunterricht, Musik, Kunst, oder Handarbeit und Werken – immer weniger scheinen diese Fundamentalkenntnisse heute noch von schulischer, geschweige, von gesellschaftlicher Relevanz.

Dabei kann selbst der halbwegs kundige Umgang mit der heute weithin in Vergessenheit geratenen Laubsäge die Grundlage für einen kometenhaften Aufstieg liefern: Manchmal ist es eben vonnöten, eigenhändig einen ersten Prototypen anzufertigen, um sich von der Realisierbarkeit einer Idee überzeugen zu können.

Und dafür sind handwerkliche Grundfertigkeiten bisweilen sehr nützlich.

Das bestätigt die Geschichte von Mario Koss und Axel Wilhelm auf höchst anschauliche Weise. Fast prototypisch beginnt sie mit einem Traum, der allerdings ursprünglich in eine etwas andere Richtung wies:

Als ambitionierte Produzenten von zeittypischen Techno- und Electro-Tracks strebten die beiden jungen Berliner in den frühen Neunzigern eine Karriere im Musikbusiness an. Man hatte auch durchaus schon gewisse Erfolge vorzuweisen, ein eigenes Label namens „Pikosso records" gab es auch, jedoch waren die Härten des Musikgeschäfts dazu angetan, sich keinen Illusionen hinzugeben, zumal beide damals noch studierten. Dass sie förmlich über Nacht ein ganz großes Fass aufmachen konnten, und zwar nicht zuletzt dank des beherzten Einsatzes einer Laubsäge, das hätten sich die beiden Soundtüftler damals nie träumen lassen.

Denn als sie sich eines schönen Tages in ihrem Produktionsstudio gemeinschaftlich den Kopf darüber zerbrachen, wie man einen gerade auf CD fertiggestellten Techno-Track marktwirksam visualisieren könnte, kamen sie auf eine revolutionäre Idee:

Wie wäre es, den Tonträger, also die CD (welche damals noch in der Blüte ihrer Jahre stand), in eine eigenständige Form zu bringen? Wer sagt denn schließlich, dass eine CD immer rund zu sein hat? Wäre es nicht toll, wenn der Tonträger auf Grund seiner Gestalt schon Rückschlüsse auf den Inhalt zuließe, in diesem Falle das Geräusch einer Kreissäge, welche das akustische Intro für den Techno-Track abgab? Der Gedanke war kühn, und erforderte buchstäblich einschneidende Maßnahmen. Es wurde nicht lange gefackelt, kurz entschlossen nahm man eine Laubsäge zur Hand, um den Silberling in Sägeblattform zu bringen. Eine konzentrierte Arbeitsstunde später war es dann so weit. Voller Sorge um den auf Pump angeschafften CD-Spieler wurde der Prototyp eingelegt und zögernd die „Play"-Taste betätigt. Und, oh Wunder, was keiner von ihnen zu hoffen gewagt hatte: das Teil spielte einwandfrei!

Es war die offizielle Geburtsstunde der sogenannten ShapeCD®. Und so kam es, dass Mario Koss und Axel Wilhelm an einem denkwürdigen 1. April des Jahres 1995 die Weltöffentlichkeit mit einer Neuheit konfrontieren konnten, welche vor allem die skeptischen Repräsentanten des Musicbiz zunächst wie ein dreister Aprilscherz anmutete.

Tatsächlich war den unbekümmerten Tüftlern mit ihrer Entdeckung eine echte Revolution gelungen. Was niemand vor ihnen je bedacht hatte, und was überhaupt die technische Voraussetzung für die Umsetzbarkeit ihrer Idee lieferte, war die Tatsache, dass CDs von innen nach außen gelesen werden. Das bedeutet in der Praxis, dass bei den meisten CDs, wenn sie nicht gerade buchstäblich bis zum Rand mit (Musik-)Daten gefüllt sind, ein Leerraum übrig bleibt, der sich gestalterisch nutzen lässt. Das eröffnete schier unendliche Möglichkeiten attraktiver Neugestaltung in Formgebung, Grafik und Design. Ein Potenzial, das dann sehr schnell auch im Bereich der Werbeartikelindustrie (Visitenkarten- und Promo-CDs, etc.) erkannt und ausgenutzt wurde.

Mit anderen Worten:
Den beiden Studenten stand von jetzt auf gleich ein Monopol für einen Millionenmarkt zur Verfügung, welches sie schlau genug waren, sich zumindest teilweise durch Patente und Verträge zu sichern. Eine sichere Bank für ein sorgloses Dasein bis zu einem süßen Lebensabend in Wohlstand und Zufriedenheit, sollte man meinen.

Der Haupttreffer, ohne eigentlich genau darauf gezielt zu haben. Aber natürlich absolut kein reiner Glückstreffer, auch wenn hier ein paar glückliche Umstände zusammenkamen, die den Coup durchaus begünstigten. Dennoch lag noch ein Stück harter Überzeugungsarbeit vor Koss und Wilhelm, bis auch der letzte Skeptiker die beiden Youngsters mit ihrer Innovation wirklich ernst nahm.

Doch dann gab es kein Halten mehr, die Businessgrößen aus der Show-, Musik- und Mediawelt gaben sich schon bald die Klinke in die Hand in der flugs bezogenen Villa in Berlin Grunewald, wo man die stürmische Nachfrage phasenweise kaum bewältigen konnte. Wenn man die Interviews heute liest, und die Beiträge auf youtube anschaut (**Beispiel:** http://www.youtube.com/watch?v=iU-vhRQXuUo), wird leicht vorstellbar, wie schnell in einer solch rauschhaften Entwicklung der Überblick verloren gehen kann, besonders, wenn man als Rookie im Haifischbecken einer gnadenlosen Geschäftswelt unterwegs ist. Und so lässt sich rückblickend sagen, dass Koss und Wilhelm ein paar Sachen richtig gut hingekriegt haben.

Ein paar andere haben sie leider nicht im Griff gehabt, und das wurde ihnen bald zum Verhängnis.
In der äußerst dynamischen Aufbauphase hatte man naturgemäß viel investiert, zumal das Kerngeschäft, also die Produktion, die Vermarktung und der Vertrieb der ShapeCD® in eigener Hand bleiben sollte.
Das bedeutete eine hohe Kapitalbindung bei schwacher Liquidität, Rücklagen wurden in dieser kurzen Phase nicht gebildet. Und so kam fast prototypisch bereits nach knapp zwei Jahren das überraschende Aus für die beiden hoffnungsfrohen Jungunternehmer, als ein Großabnehmer vertragsbrüchig wurde, und die junge Firma auf Forderungen von mehr als 500.000,- DM sitzenblieb. Fremdforderungen von Künstlern, Mitarbeitern, Lieferanten und Finanzamt konnten damit nicht mehr bedient werden, der Gang in die Insolvenz war unvermeidlich – eine bittere Lektion in Sachen Unternehmertum im deutschen Boom-Kapitalismus der 90er Jahre.

Bei aller Tragik ist es ein Paradebeispiel für typische Anfängerfehler in Kombination mit unvorhergesehenen, wenn auch nicht unvorhersehbaren, Geschäftsereignissen. Was zeigt uns das? Neben handwerklichem Geschick bedarf es auch vieler anderer Befähigungen, um als Unternehmer bestehen zu können. Auch hier wäre unser Bildungssystem gefordert, um nachfolgende Generationen mit dem nötigen Handwerkszeug vertraut zu machen.

Denn es ist sicher wichtig, aus Fehlern zu lernen. Aber wichtiger ist doch, möglichst keine fundamentalen Fehler zu begehen. Es spricht für die ungebrochene

Initiative und den Unternehmergeist der beiden ShapeCD®-Erfinder Koss und Wilhelm, dass sie sich auch nach ihrem jähen Absturz nicht haben unterkriegen lassen. Jeder für sich haben sie das unternehmerische Desaster auf ihre Art bewältigt, und ihre unzweifelhaften Fähigkeiten weiterhin zu nutzen verstanden. Zumindest können sie sich immer damit trösten, eine seltene Ausnahmeleistung in ihrem damaligen Sektor vollbracht zu haben. Es ist ihnen gelungen, eine sehr schwierige Branche mit einer echten Innovation zu überraschen und sogar zu erobern, und Millionenumsätze zu generieren, auch wenn sie letzlich selbst materiell nicht davon profitieren konnten.

Heute sind sie beide im medialen Dienstleistungssektor erfolgreich selbstständig, und können ihre Existenz bestreiten. Auch wenn sie nicht im ganz großen Orchester mitspielen, haben sie wohl ihren Frieden mit ihrer bestimmt unvergesslichsten Lebensepisode gemacht.

Herr Wilhelm war so freundlich, einer Interviewanfrage für dieses Buch zu entsprechen: Auf den folgenden Seiten finden Sie die Fragen und Antworten des schriftlich geführten Interviews.

Schriftliches Interview mit Herrn Axel Wilhelm vom 12.03. 2013

F: Welchen Anteil hatten Sie selbst an der Entwicklung der ShapeCD®-Idee?

A: Ich habe mich intensiv um die technische Umsetzung gekümmert und den ersten Prototypen in Eigenregie hergestellt. Anteil 50:50 Axel Wilhelm/Mario Koss.

F: Wenn Sie an diese Anfangsphase zurückdenken – welche Zielvorstellung hat Sie seinerzeit am meisten beflügelt?

A: Mir war klar, nachdem der Prototyp im CD Player einwandfrei spielte, dass wir jetzt was ganz großes damit auf den Markt bringen werden. Es war eine absolute Neuheit - keiner kennt es und wir haben es schon in der Hand - mir war klar, dass es Millionen Liebhaber und Sammler dieser Shape CDs geben wird.

F: Was hat Sie anfangs (trotz der Ignoranz möglicher Interessengruppen wie Plattenlabels oder Presswerke) so sicher gemacht bzw. Sie in dem Glauben bestärkt, dass Ihre Idee erfolgreich sein könnte?

A: Einfach die Tatsache, dass wir eine absolute Marktneuheit präsentieren. Mir war klar, dass jeder eine solche CD haben möchte und stolz ist, solch einen Tonträger zu besitzen.

F: Wie lange hat es gedauert bzw. wie viele erfolglose Kontakte oder Absagen hat es gebraucht, bis Sie jemanden von Ihrer Idee überzeugen konnten?

A: Etwa 12 Monate war die Zeit, die es brauchte, bis wir in der Lage waren diese Shape CDs in großen Mengen herzustellen. BMG (eine große Plattenfirma, A.d.L.) war gleich total begeistert von dieser Tonträger Idee.

F: Gab es Personen oder Institutionen, deren Rat, Unterstützung oder Hilfe Sie entscheidend weitergebracht hat in manchen Situationen? Und wenn ja, in welcher Form?

A: Ja, meine Eltern gaben Rat und Tat zu der Thematik. Patentanmeldung, Entwicklung der CNC Fräsroboter für die Fertigung, uvm.

F: Auf welcher Basis stand anfangs Ihr Geschäftsmodell? Wollten Sie die Idee/Lizenzen oder die Produkte verkaufen?

A: Mario und ich hatten intern einen partnerschaftlichen 50/50 Deal für alles. Die ersten Jahre wollten wir natürlich nur unsere eigenen Produkte verkaufen.

F: Wo kam das Geld für die Anfangsfinanzierung her?

A: Meine Eltern und Marios Oma sponserten uns anfangs, zusätzlich nahmen wir Bankkredite in Anspruch.

F: Waren Sie selbst direkt an der Firma und Vermarktung beteiligt, und wenn ja, in welcher Form?

A: Nein, Pikosso Records wurde schnell eine GmbH, in der ich nicht inbegriffen war. Mein Part bestand nur in der gesamten Musikproduktion für die Shape CDs und in den Patenten.

F: Haben Sie zusätzlich externe Geschäftspartner oder Zulieferer geworben oder gewonnen, die auch direkt an Ihrer Firma beteiligt waren?

A: Nein, nach den ersten CD Verkäufen über BMG Ariola haben wir uns auf eigene Beine gestellt mit Pikosso Records / EMI Musicpublishing.

F: Hat sich das Verhältnis zwischen Ihnen und Herrn Koss durch den Erfolg verändert, und wenn ja, in welcher Form?

A: Nein, nicht wirklich - wir hatten weniger Zeit, Dinge zusammen durchzuführen, da jeder auf seiner Baustelle zu tun hatte. Er im Vermarktungssektor und ich in der Musikproduktion für neue weitere Shape CDs.

F: Konnten Sie in ähnlicher Weise von dem Erfolg profitieren wie Herr Koss, der es ja anscheinend zum Millionär brachte?

A: Nein, die Einnahmen waren nicht "Netto" - ich hatte mir ein teures Tonstudio eingerichtet - weitere Einnahmen dienten der Rückzahlung von Leihgaben und von Krediten.

F: Zu welchem Zeitpunkt hatten Sie zum ersten Mal das Gefühl „es geschafft" zu haben?

A: Ein Jahr nach der Erstveröffentlichung der ersten Shape CD (01.04.1995). Ich konnte mir "bar" einen Mercedes E230 kaufen ;-) - Wir waren auf der Midem 1996 der Hauptsponsor mit einer Einlage von über 800.000.- DM

Eigenkapital dafür!!! Das brachte uns die ganz Großen aus dem Musikbusiness direkt an unseren Messestand - Jean Michel Jarre, DJ Bobo, Madonna und vielen mehr schüttelten wir die Hand.

F: Wie kam es nach dem schnellen Erfolg dann zu dem baldigen Abstieg/Ausstieg aus dem Projekt?

A: 1997 ist der Vertrag mit Arcade Deutschland, den wir hatten, leider geplatzt. Arcade bezahlte mehrere Rechnungen von gelieferten Shape CDs nicht mehr. Da waren plötzlich 500.000.- DM offen! Das war für uns nicht mehr tragbar. Wir hatten dann auf der größten Musikmesse (Midem in Cannes) die Patente, sowie den geschützten Namen an die Firma Cuba (Peter Wiest) verkauft.

F: Woran ist letztendlich Ihrer Ansicht nach Ihr persönliches Geschäftskonzept (also das von Ihnen und Herrn Koss) gescheitert (wenn man das so sagen darf, denn das Shape-CD-Konzept an sich hat sich ja bis heute weltweit verbreitet und bewährt)?

A: An den <u>nicht</u> bezahlten Rechnungen von der Firma Arcade. Der Vertriebsvertrag wurde von Arcade nicht eingehalten. Wir waren dadurch bedingt für Presswerke, Künstler, etc. nicht mehr zahlungsfähig.

F: Hat sich Ihr Engagement unter dem Strich für Sie ausgezahlt (d.h. konnten Sie finanziell oder geschäftlich davon profitieren), oder eher im Gegenteil?
(Herr Koss scheint ja bis heute zumindest finanziell mit der Aufarbeitung belastet zu sein?)

A: Ja, es war schon eine gewisse Genugtuung, allein durch die ca. 30 TV-Einladungen zu Talkshows etc.

F: Was würden Sie, aus heutiger Sicht, auf Grund Ihrer Erfahrungen vielleicht anders anpacken?

A: Einnahmen aus Gewinnen vorsichtiger handhaben und Steuerrücklagen bilden.

F: Glauben Sie, eine ähnliche Erfolgsstory (zumindest der erste Teil davon) ließe sich unter heutigen wirtschaftlichen Rahmenbedingungen und Gegebenheiten wiederholen?

A: Nein, nicht in dem Ausmaß...

F: Sind Sie heute noch mit Herrn Koss geschäftlich oder freundschaftlich verbunden?

A: Ja, wir arbeiten nach fast 20 Jahren gerade wieder an einer neuen, bahnbrechenden Geschäftsidee im Medienbereich...

Da Herr Koss dem Autor für eine Befragung leider nicht zur Verfügung stand, hier der Link zu einem Auszug eines früheren Interviews, geführt von Frau Linda Höpfner, im Zusammenhang mit ihrer Diplomarbeit: http://www.mariokoss.com/interview.html

VII. Senkrechtstart hoch Drei

Dass ein Start-up aus dem Stand heraus erfolgreich ist, gehört sicher zu den erfreulichen Ausnahmen der meisten Neugründungen. Entgegen jeder Erwartung brauchten drei junge Männer nach ihrem Studium eigentlich „nur noch" die von ihnen induzierte Nachfrage zu befriedigen, um mit ihrer Geschäftsidee tatsächlich gemeinschaftlich durchzustarten.

Beispiel 8 |
**Von der Überzeugungskraft eines maßgeschneiderten Convenience-Angebots:
Die drei Müsli-Musketiere und ihr Bio-Kraftfutterstrotzendes Geschäftsmodell**

Wer sät, wird ernten. Das ist die Hoffnung des Landwirts, ebenso wie die jedes Gründers, der in der Seed-Phase, also dem ersten Abschnitt im Lebenszyklus seines Unternehmens, an den Erfolg seiner Geschäftsidee glauben will. Dass auch im Zeitalter der Dominanz von Bits und Bytes ausgerechnet die Saat von Haferflocken besonders gut aufgehen kann, haben in den vergangenen Jahren drei junge Männer eindrucksvoll unter Beweis gestellt. Genauer gesagt handelt es sich um die „extended version" von Haferflocken, unter dem eher altmodisch anmutenden Begriff „Müsli" wohl besser bekannt. Und analog, denn im Gegensatz zu Bits und Bytes ist Müsli natürlich etwas Leckeres zum Beißen, und hat damit gegenüber digitalen oder rein virtuellen Inhaltsstoffen einen naturbelassenen Mehr- und Nährwert aufzuweisen. Und doch hätte ohne die entscheidende digitale Zutat die Mischung der drei Firmengründer wohl kaum funktioniert.

Denn Ihre Geschäftsidee lebt von drei Elementen, die charakteristisch für unsere Ära sind: In der Verknüpfung von Individualisierung (neudeutsch: Customizing), Convenience (zu deutsch etwa: Verfügbarkeitskomfort) und Online-Shopping (Einkauf übers Internet) liegt das Erfolgsrezept, mit dem die drei Macher von „mymuesli" aus dem Stand heraus auf die Überholspur gewechselt sind: Es ist die bahnbrechende Initialidee, im Onlineshop mymuesli.de individuell zusammengestellte Müslimischungen ordern zu können, um sie dann auf dem Postweg zugestellt zu bekommen.

Seither hat nicht nur der deutsche Verbraucher, sondern auch die Müsli-Konkurrenz etwas zu knabbern.

Entscheidender Beschleuniger dieses Konzepts war und ist der digital gestützte Handel via Online-Shop, auf dem die ursprüngliche Angebots- und Vertriebsplattform basiert.

Aber auch der Inhalt ist natürlich nicht Ohne.
Der Name der Anbieter ist Programm, und bezeichnet exakt, worum es geht: nämlich um die individuelle Zusammenstellung und Bestellung hochwertiger Bio-Müslis nach persönlichen Vorlieben an der virtuellen Müslibar, und deren Lieferung direkt zu den Konsumenten nach Hause. Eine auf den ersten Blick vielleicht einleuchtende, aber nicht zwingend notwendig auch erfolgversprechende Geschäftsidee.

Hätte man sie irgendwelchen etablierten Unternehmen, Analysten, Banken oder Konzernlenkern vorgelegt, wären die jungen Herren sicherlich mit einem mitleidigen Lächeln oder allenfalls mit einem großherzigen Angebot für einen Praktikantenjob nach Hause geschickt worden.

Aber: diese Geschäftsidee hatte ihre Macher bereits gefunden, und war deshalb dazu prädestiniert, auch von ihnen selbst realisiert zu werden. Denn der Wille zum freien Unternehmertum hatte in den drei Uniabsolventen der Fächer Jura und BWL schon länger geschlummert, und wartete nur auf den entscheidenden Impuls. Dieser kam der Legende nach spontan und in Gestalt eines notorisch nervtötenden Radiospots einer gerade auch deshalb weithin bekannten Müsli-Firma aus den Tiefen des Odenwaldes, welcher das Trio während einer gemeinsamen Autofahrt ereilte. Sicher waren sie nicht die Ersten, die dachten: „Nein, muss das so sein? Das könnte man doch sicher besser machen!"

Im Unterschied zu tausenden anderer hart geprüfter Radiohörer und Müslifans mochten sie es jedoch dabei nicht belassen. Und so wurden sie die Ersten, die Liebhabern der kernigen Müslikost nicht nur ein leckeres, sondern auch ein nach individuellen Vorlieben zusammengestelltes Bio-Müsli anbieten und zukommen lassen wollten. Dass sie es auch konnten, beweist die eindrucksvolle Erfolgsstory von Max Wittrock, Philipp Kraiss und Hubertus Bessau, die sie in den letzten sieben Jahren hingelegt haben, und wie sie u.a. auch auf ihrer [Firmen-Homepage](#) nachzuvollziehen ist.

Dort lässt sich auch nachlesen, unter welchen recht improvisierten Bedingungen der erste mymuesli-Online-Shop an den Start ging. Und dass er, entgegen vieler skeptischer Erwartungen, innerhalb kürzester Zeit an seine Kapazitätsgrenzen stieß – wegen geradezu explodierender Nachfrage!

Heute (Stand: Dezember 2014) sind in dem Passauer Unternehmen rund 340 Menschen rund um die Uhr damit beschäftigt, die Ernte ihrer Müsli-Aussaat einzufahren, und die stetig wachsende Nachfrage der mymuesli-Fangemeinde auch auf internationaler Ebene zu befriedigen.

Auch über eigene Verkaufsstellen sowie den LEH-Vertriebsweg ist mymuesli mittlerweile in aller Munde – zumindest bei all' denen, die ihr maßkonfektioniertes Müsli mehr als nur „leckerleckerleckerlecker" finden. Nicht nur das Konzept, sondern auch die sich ergänzende Dreierkonstellation der Inhaber hat wohl entscheidend zum bisherigen dynamischen Erfolg des jungen Unternehmens beigetragen.

Im folgenden schriftlichen Interview gibt Mitinhaber Max Wittrock über weitere Hintergründe des Werdegangs der mymuesli-Manufaktur Auskunft:

Schriftliches Interview mit mymuesli-Mitinhaber Max Wittrock, geführt im März 2014

F: *Die Initialidee, ein maßgeschneidertes Müsli anzubieten, kam Ihnen bei einer gemeinsamen Autofahrt, ca. zwei Jahre, bevor Sie sie dann konkret angingen. Gab es denn zuvor schon so etwas wie eine Inkubationsphase für die Allgemeinidee, ein Unternehmen zu gründen?*
Anders gefragt, hatten Sie generell die Zielvorstellung, irgendwann, jeder für sich oder gemeinsam, ein Unternehmen zu gründen?

A: Ja, das war schon der Fall. Philipp und Hubertus hatten eine automatisierte Videothek während des Studiums eröffnet, also schon erste unternehmerische Erfahrung gesammelt. Wir wussten, dass wir etwas zu dritt machen möchten, also eine Gründung in Angriff nehmen. Und mit der Idee zu mymuesli haben wir das dann in die Tat umgesetzt...

F: *Wer von Ihnen Dreien war damals eigentlich der Initialgeber? Gibt es den Müslifan unter Ihnen, oder ging es Ihnen doch in erster Linie um den Convenience-Aspekt?*
Oder war primär doch das Unbehagen am ominösen Radiospot des allseits bekannten Odenwälder Müslianbieters mit den unorthodoxen Werbebotschaften der Auslöser?

A: Der Werbespot war der Auslöser, um überhaupt erstmal über Müsli zu sprechen, der Urknall sozusagen. Dann haben wir festgestellt, dass wir alle drei gerne Müsli essen, aber nicht 100 Prozent zufrieden mit den Supermarkt-Angeboten waren, jeder aber aus anderen Gründen. Und dann entstand plötzlich die Idee:

Stell' Dir Dein Müsli selbst zusammen. Ich glaube, dass Hubertus sie zuerst geäußert hat, wenn ich mich richtig erinnere. Aus dieser Idee haben wir dann gemeinsam ein Konzept entwickelt, so ist mymuesli entstanden.

F: *Hätte es letztlich auch etwas anderes als Müsli werden können?*

A: Theoretisch schon, wir hatten einige Ideen für Startups oder Gründungen, aber das individuelle Müsli mit mehr als 566 Billiarden verschiedenen Möglichkeiten hat uns von Anfang an begeistert.

F: *Wie hat Ihr direktes Umfeld (Elternhaus, Freunde) ganz am Anfang auf Ihr Vorhaben reagiert, gab es da mehr Unterstützer oder eher Skepsis?*

A: Nahezu flächendeckend Skepsis. Das war aber vorhersehbar, denn es war in der Tat schwer vorstellbar, wenn man sich mal in die damalige Zeit zurück versetzt, dass man Müsli übers Netz bestellen würde.
Doch neue Ideen haben das ja oft an sich, dass man sie erstmal erleben und ausprobieren muss, um sie wertzuschätzen. Es gibt ja dieses berühmte Zitat von Henry Ford, das sinngemäß lautet: *„Hätte ich die Menschen gefragt, was sie möchten, dann hätten sie sich schnellere Pferde gewünscht"*. Das drückt es ganz gut aus.

F: *Wie ist der Hintergrund von Ihnen Dreien? Sie haben gemeinsam studiert, und darüber hinaus - gibt es da eher Gemeinsamkeiten oder auch signifikante Unterschiede?*

A: Wir sind sehr gute Freunde, also ergänzen uns perfekt. Aber in unseren Fähigkeiten sind wir unterschiedlich, und daher für eine Gründung komplementär. Es kümmern sich also nicht alle drei um Zahlen oder alle drei um kreatives Marketing, das macht uns als Team sehr effektiv und schnell. Und dafür sind wir sehr dankbar, denn diese Kombination ist toll.

F: *Es hat ja den Anschein, als seien Sie anfangs mit recht verhaltenen Erwartungen an das Projekt herangegangen. Gab es denn auch ein mögliches Plan-B-Szenario, und wenn ja, wie sah das aus?*

A: Das Risiko war überschaubar, etwa 3.500 Euro hatten wir investiert. Außerdem haben wir nahtlos an das Ende unseres Studiums mit der Gründung angeschlossen, es gab keine Hypotheken, keine Kinder, nur Verantwortung für uns selbst. Ein Scheitern hätten wir verkraftet, denke ich, und dann eben etwas anderes gegründet.

F: *Hatten Sie Vorbilder, und gab es so etwas wie Mentoren und Unterstützer, als die Sache dann konkretere Formen annahm?*

A: Ja klar, da gab es einige, vor allem aus dem Freundeskreis, oder größere Firmen, die zum Beispiel Weihnachtsgeschenke bei uns gekauft hatten. Auch zwei Business Angels hatten wir im Unternehmen. Deren Anteile haben wir allerdings 2013 zurück gekauft.

F: *Wie und auf welchem Wege haben Sie es anfangs geschafft, den Online-Shop so zu publizieren bzw. zu bewerben, dass innerhalb kürzester Zeit eine solche Nachfrage entstand? Gab es da Multiplikatoren, lief das über soziale Netzwerke, oder wie kann man sich das erklären und vorstellen?*

A: Das war damals ja noch Social-Media-Steinzeit; wer 'was zu teilen und zu schreiben hatte, war in der Regel auf Blogger. Und Blogs waren auch eine wichtige Säule unseres Wachstums. Aber nicht, weil wir komplexe Marketing-Kampagnen gestartet hätten; vielmehr war es so, dass viele Kunden in ihren eigenen Blogs über das Produkt geschrieben hatten. Dadurch wurden klassische Medien darauf aufmerksam. Außerdem gab es einige redaktionelle Erwähnungen durch Blogs, die zum Beispiel dachten, mymuesli sei ein Scherz. Und von dieser ersten PR aus haben wir mit dem Marketing begonnen. Damals gab es natürlich auch noch nicht so viele Start-ups im Online-/Tech-Umfeld wie heute, zumindest nicht in meiner Wahrnehmung. Es war also einfacher, gehört zu werden…

F: *Der Erfolg gab Ihnen ja sehr schnell Recht, und zwang Sie ja regelrecht zu forciertem Wachstum.*
Gab es trotzdem oder gerade deswegen je Situationen, in denen Sie Ihre Unternehmung oder die weitere dynamische Entwicklung grundlegend in Zweifel gezogen hätten?

A: Es gibt immer Situationen, in denen man kurz denkt: „Warum tue ich mir das an?" Die kennt jeder Gründer, gerade aus der Anfangsphase, wo man nur arbeitet, sich aber kein Gehalt auszahlt. Wir hatten immer unheimlich viel Spaß an mymuesli, haben wir immer noch, und solche Momente waren sehr rar. Doch da hat sich die Dreier-Konstellation auf jeden Fall bewährt. Denn man kann sich immer gegenseitig motivieren, wenn einer mal ein Tief hat. Wirklich grundlegende Zweifel an der Richtigkeit oder Sinnhaftigkeit hatten wir allerdings nie.

F: *Start-ups können ja nicht nur an fehlendem Erfolg scheitern, sondern oft auch gerade an zu hohem oder zu dynamischem Entwicklungstempo oder Erfolgsdruck. Wie haben Sie das gemanagt - personell wie finanziell?*

A: Das ist die große Herausforderung, immer noch. Aber Druck haben wir uns noch nie gemacht, und das Tempo wird durch den Cash-Flow und unsere Möglichkeiten als Team vorgegeben. Da wir kein Risikokapital haben, müssen wir da nachhaltiger agieren, und gleichzeitig sind wir unabhängig. Das ist eine sehr gute Situation derzeit.

F: *Wie geht man mit so schnellem Erfolg adäquat um? Was bewahrt einen am besten vor unüberlegten Entscheidungen oder gar Größenwahn?*

A: Wir sind ja immer noch ein Start-up, mit überschaubarer Größe, flachen Hierarchien und mit vielen Mitarbeitern im Unternehmen auch befreundet, mit allen verstehen wir uns gut. Die würden uns den Zahn schon schnell ziehen, denke ich, würden wir abheben. Aber wer uns kennt, der weiß auch: Dafür sind wir nicht die richtigen Typen.

F: *Hat Ihre Bank Sie unterstützt, oder auf welche Weise haben Sie die Wachstumsfinanzierung gestemmt?*

A: Aus dem Cash-Flow, und, genau, mit Banken, zum Beispiel bei Maschineninvestitionen. Auch der Freistaat Bayern, die Stadt Passau und ihre örtliche Wirtschaftsförderung haben uns unterstützt, da wir auch Arbeitsplätze geschaffen haben über die Jahre und hoffentlich noch viele weitere schaffen werden. Nicht immer mit Geld, aber auch mit viel Rat und Tat, dafür sind wir sehr dankbar.

F: *Gab es so etwas wie einen „Punkt ohne Wiederkehr", an dem Ihnen klar wurde, dass die Sache richtig groß wird, und Sie entsprechend strategisch reagieren müssen?*

A: Der erste Vollzeitmitarbeiter ist immer so ein Punkt, denke ich, da weiß man: Jetzt ist die Verantwortung auch für mindestens eine dritte Person da, die sich auf ihren Job zu 100 Prozent verlassen muss, weil beispielsweise die Miete jeden Monat überwiesen werden muss.

F: *Eine Dreierkonstellation wie Ihre ist ja ein echter Glücksfall und auch eher eine Seltenheit. In welcher Art ergänzen Sie sich von Ihrer Persönlichkeitsstruktur her, und wie hat sich Ihre Freundschaft durch das Business und den Erfolg verändert?*

A: Ich glaube, dass die Freundschaft enger wird, man aber auch gleichzeitig bewusster Auszeiten voneinander braucht; einfach um den Kopf frei zu kriegen und eigene Gedanken fassen zu können. Wir haben schon eine sehr intensive Zeit hinter uns, in der wir uns praktisch 24/7 gesehen haben. Aber wir sind sehr ähnlich, hochmotiviert und auch bereit, für unseren Traum viel zu arbeiten.
Das schweißt zusammen.

F: *Bei allen Ihren Verlautbarungen klingt deutlich der Anspruch durch, Ihre Idee, an die Sie persönlich glauben, besonders gut und glaubwürdig zu verwirklichen. Welches waren und sind Ihre stärksten Triebfedern als Unternehmer?*

A: Einen Traum zu leben und eine Idee Wirklichkeit werden zu sehen, das ist unfassbar toll.

F: *Sechs Jahre nach Ihrer Firmengründung haben Sie im Juli 2013 in der Kategorie „Aufsteiger des Jahres" den Deutschen Gründerpreis gewonnen. Wissen Sie, von wem Sie dafür nominiert wurden?*

A: Ja, von Fritz Audebert, der als Passauer Unternehmer mit seiner Gründung ICUnet den Preis auch gewonnen hatte, allerdings ein paar Jahre vor uns.

F: *Mittlerweile werden Ihre Produkte ja auch über große Handelsketten wie Rewe vertrieben - damit haben Sie wohl unwiderruflich den Weg von der bescheiden anmutenden „Manufaktur" ins „big business" beschritten. Was kommt als nächstes? mymuesli worldwide? Geht mymuesli womöglich irgendwann an die Börse?*

A: Auch als Multi-Channel-Unternehmen, wie man das ja gerne ausdrückt, wachsen wir vorsichtig und nachhaltig. Von außen denkt man, wenn man keinen direkten Einblick hat, vielleicht oft: „Oh Mann, das geht aber schnell". Allerdings kann man nur mit seinen Möglichkeiten wachsen. Das wissen wir sehr genau, und werden nichts überstürzen. Ich bin selbst gespannt auf die Zukunft, aber ein IPO (A.d.L.: Initial Public Offering ist der Begriff für das erstmalige Aktienangebot eines Börsenneulings) taucht in meiner 2014-Planung bisher nicht auf, muss ich ehrlich sagen.

F: *Was könnten Sie mit Ihrem heutigen Erfahrungshorizont anderen Gründern und Start-ups als Ratschlag oder Hilfestellung mit auf den Weg geben?*

A: Pauschal ist das immer schwierig, und es redet sich leicht, wenn gleich die erste große Gründung ein Erfolg war. Aber es einfach 'mal machen und ausprobieren, das ist schon ein großer Schritt. Und ich kann jedem empfehlen, es zumindest zu versuchen.

Dieser Empfehlung möchten wir uns anschließen, und bedanken uns bei den drei „Müsli-Musketieren" -
mit den allerbesten Erfolgswünschen für eine weitere positive Entwicklung von mymuesli auf allen Ebenen und Geschäftsfeldern, die aktuell mit immer neuen, innovativen Ideen, Produkten und Angeboten vorangetrieben wird!

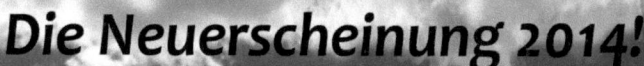

Erfolgs-Faktoren von A bis Z

|Aufgeschlossenheit|

Auch introvertierte Menschen können aufgeschlossen sein. Als Unternehmer(in) ist es sicher von Vorteil, sich nicht nur Marktbedürfnissen, Entwicklungen und Neuheiten gegenüber aufgeschlossen zu zeigen. Im Umgang mit Kunden, Interessenten, Lieferanten, Finanziers, Bankern, Mitarbeiterinnen und Mitarbeitern ist auch die zwischenmenschliche Aufgeschlossenheit ein Kapital, das sich ganz sicher auszahlt. Diese Investition sollte sich daher auch von chronisch introvertierten Charakteren leisten – oder wenigstens gut delegieren – lassen. Es muss ja nicht immer gleich die >Charme-Offensive sein. **>>Zurück**

|Augenmaß|

Wenn man sich selbst erfindet, und somit seine eigenen Maßstäbe definiert und anlegt, ist es nützlich, über ein vernünftiges Augenmaß zu verfügen. Es hilft, den Überblick zu wahren, den nötigen >Weitblick zu kultivieren, und sich selbst, sein Umfeld und seine Möglichkeiten, sowie mögliche Risiken realistisch einzuschätzen. Im Idealfall wird es ergänzt durch einen guten >Instinkt. Ein an den Realitäten abgeglichenes Augenmaß zu besitzen und zu entwickeln, ist natürlich ebenso eine Sache der >Persönlichkeit wie der >Erfahrung. Als „eingebautes" Regulativ kann es verhindern, dass man über das Ziel hinausschießt, oder zu viel >Energie auf Dinge verwendet, die es nicht wirklich wert sind. Generell hilft es, den Umgang mit Ressourcen, wie auch die Gesamtentwicklung im Interesse der >Nachhaltigkeit zu gestalten. Diese wiederum sollte Bestandteil einer langfristig angelegten >Strategie sein, die es mit Augenmaß zu verfolgen (und ggf. zu modifizieren) gilt. **>>Zurück**

|Charme|

DER Türöffner für alle Gelegenheiten. Hilft dabei, auch knifflige Situationen und Konstellationen zu entschärfen. Charme ist angeboren, man kann ihn leider nicht erlernen oder erwerben. Man hat ihn oder vermisst ihn, d.h. man muss sein Fehlen ggf. durch andere Eigenschaften wie z.B. >Chuzpe, >Frustrationstoleranz, >Instinkt, >Intelligenz, >Einfühlungsvermögen, etc. kompensieren. Dummerweise kann man ihn im Laufe eines harten Selfmade-Daseins aber auch einbüßen, deshalb sollte man ihn stets und in Maßen trainieren, zumal er u.a. auch beim Aufbau und bei der Pflege unerlässlicher >Kontakte mehr als hilfreich ist. **>>Zurück**

|Chuzpe oder Gewitztheit|

Nützliche Eigenschaft, die einen in die Lage versetzt, ohne allzu große Gewissensnöte gute >Ideen zu adaptieren, sich wichtige Informationen oder >Know-how zu beschaffen, >Multiplikatoren zu instrumentalisieren, günstige Situationen herzustellen und auszunutzen, nützliche >Kontakte oder Beziehungen anzuknüpfen oder die Anderer für seine Zwecke auszuschlachten. Mit entsprechendem >Charme und >Instinkt eingesetzt, bringt die Chuzpe oft sogar wichtige Sympathiepunkte oder >Respekt ein. Hier lässt sich z.B. aus dem Werdegang von Microsoft-Gründer Bill Gates einiges lernen. **>>Zurück**

|Cleverness|

Die manchmal auch leicht abschätzig als „Bauernschläue" abqualifizierte Cleverness ist eine oftmals glückliche Kombination aus praktischer >Intelligenz, >Instinkt und >Chuzpe. In Verbindung mit einer zusätzlichen Portion >Charme ergibt das bisweilen eine unwiderstehliche Mischung. Schiere Cleverness kann ausreichen, wo reine IQ-Intelligenz womöglich schmerzhaft an ihre verkopften Grenzen stößt. Da die Übergänge fließend sind, ist es schwer zu sagen, welche Intelligenzform der klassischen Selfmade-Karriere förderlicher ist. Rein vom Gefühl her ist hier jedoch der/die Clevere in der Regel klar im Vorteil, kurz: CQ (Cleverness-Quotient) schlägt IQ (Intelligenz-Quotienten). **>>Zurück**

|Ehrgeiz|

Die positive Ehre und der gänzlich ungeile Geiz bilden in diesem Begriff ein spannungsgeladenes Gespann. Ähnlich widersprüchlich verhält es sich mit der damit bezeichneten Eigenschaft: Wer mit dem Ehrgeiz geizt, der bringt's nicht weit. Wer ihm aber alles andere unterordnet, ihm also in krankhaft übersteigerter Form die Zügel schießen lässt (z.B. weil es am nötigen >Augenmaß fehlt), der hat (oder bekommt) meist ein Problem. Er kann sich als tückischer Sprengsatz erweisen, der schon stolze Schiffe wie die „Titanic" oder die „Costa Concordia" versenken half. Übersteigerter Ehrgeiz, der mit erhöhter >Risikobereitschaft einher- und mit kaltschnäuziger >Unverfrorenheit zu Werke geht, ist oft Ausdruck einer ganz bestimmten >Persönlichkeit. Auch dieser eher rücksichtslose Typus kann, allerdings meist auf Kosten und zu Lasten seiner Mitwelt, sehr schnell sehr erfolgreich sein. Im Interesse der >Nachhaltigkeit zeichnet sich der gesunde Ehrgeiz jedoch durch eine harmonische Ausgewogenheit von ehrenhaftem Streben und eigennützigem Beharren aus.
>>Zurück

|Einfühlungsvermögen|

Als „neutrales" Geschwister der eher mitfühlenden Empathie ist die Fähigkeit, sich in die Stimmungen, Motivationen, Vorbehalte, Hoffnungen, Wünsche, Ziele und Ängste seiner Mitmenschen einfühlen zu können, von erheblichem Wert im Umgang mit Kunden, Geschäftspartnern, Mitarbeitern und Geldgebern. Denn wer die Gefühlslagen seines Gegenübers richtig einzuschätzen weiß, verfügt damit über eine wichtige Informationsgrundlage für eigene Verhaltensweisen oder weitere Entscheidungen. Klar, dass diese besondere soziale >Kompetenz in enger Verbindung zu >Instinkt, >Persönlichkeit und >Respekt zu sehen ist, und sich mit wachsender >Erfahrung durchaus auch trainieren lässt. Psychologie-basierte Programme wie NLP sensibilisieren gezielt die Wahrnehmung solcher Verhaltensmuster und Zusammenhänge, mit deren Hilfe auch funktionale, wie natürlich auch bewusst manipulative Mechanismen erkannt oder eingesetzt werden können. **>>Zurück**

|Energie|

Der Antrieb, die Tatkraft sowie die >Kondition für jede unternehmerische >Initiative und Aktivität wird von der individuellen Energie gespeist. Je nach Naturell, >Persönlichkeit, >Optimismus und >Frustrationstoleranz liegt ihre Quelle primär in der >Motivation des jeweiligen Individuums. Faustregel: Je mächtiger die >Träume, je größer der >Ehrgeiz, je größer das Ego, je gefestigter die >Persönlichkeit, und je mehr jemand zu gewinnen (oder: zu verlieren) hat, desto größer wird die Energie sein, die Der-/Diejenige für seine/ihre >Ziele und Vorhaben mobilisieren kann.
>>Zurück

|Entscheidungsfreude|

Verzagte und Zauderer kommen erfahrungsgemäß eher selten mit dem nötigen Schwung aus den Startlöchern. Oft genug kommen sie gar nicht erst hinein. Aber aufgepasst: Allzu Übereifrige vergaloppieren sich leicht! Im Gegensatz zu vielen Managern oder Funktionären sind Selfmade-Menschen immer auch Selbst-Entscheider, denn Sie wissen: *„Wer nicht entscheidet, über den wird entschieden."* Dazu gehören naturgemäß auch unpopuläre Beschlüsse oder gar Fehlentscheidungen, sowie die Fähigkeit, diese ggf. zu korrigieren oder zu kompensieren. Im Zuge wachsender >Erfahrung nimmt diese Fähigkeit ebenso zu, wie die Rate an Fehlentscheidungen sinkt. Wenn allerdings die Entscheidungsfreude abnimmt, ist meist auch der unternehmerische Stern im Sinkflug begriffen. Besonders sind davon Unternehmer betroffen, die Angst haben, etwas zu verlieren – meist, weil sie schon viel gewonnen (oder natürlich auch: verloren) haben. Zu viel Besitzstandsdenken aber verfälscht das >Augenmaß und mindert die >Risikobereitschaft, und damit die Entscheidungsfreude. Daran hat sich schon das Schicksal so mancher hochfliegenden Hoffnung entschieden.
>>Zurück

|Erfahrung|

Der Mensch lernt aus Erfahrung. Das bedeutet fast immer, er lernt aus seinen Fehlern. Erfahrungen macht man, um Erfahrung zu sammeln. Deshalb gehören unerfahrene Selfmader am Anfang ihrer Karriere oft zu den eher gefährdeten Existenzen. Gerade die Startphase ist meist von zahlreichen vermeidbaren und manchen unvermeidlichen Fehlern geprägt. Und oft genug liegt die Fähigkeit, vieles richtig zu machen einfach in der Kunst (oder auch dem puren Glück), möglichst wenig falsch zu machen. Je nach >Intelligenz, >Instinkt, >Risikobereitschaft, und dem Vorhandensein von >Mentoren und >Fortune zahlen manche in dieser Anfangsphase mehr Lehrgeld, andere weniger.

Mit der Erfahrung wachsen natürlich auch die anderen Fähigkeiten und Aktivposten wie >Selbstvertrauen, >Augenmaß, >Einfühlungsvermögen, >Persönlichkeit, >Motivation, die allesamt wichtig für das weitere erfolgreiche Fortkommen sind. Außerdem gibt es immer die Möglichkeit, auch von der Erfahrung Anderer zu profitieren – vorausgesetzt, man verfügt über entsprechend wertvolle >Kontakte.

Aus den Fehlern Anderer zu lernen, gehört natürlich auch zum Erfolgsrepertoire erfolgreicher Unternehmer. Und ein großer, manchmal sogar tödlicher Kardinalfehler kann zum Glück keinem Anfänger der Welt unterlaufen: Es ist die fatale Festschreibung auf *„Das haben wir schon immer so gemacht!"*.

Dieser Satz steht auf ewig eingemeißelt in die Grabsteine todgeweihter oder bereits untergegangener

Unternehmen – mögen sie einst auch noch so groß und erfolgreich gewesen sein. >>Zurück

|Fantasie|

Visionäres Unternehmertum erfordert >Kreativität. Und: Jede Art der Kreativität wird von der Fantasie beflügelt. Es ist die Fähigkeit, sich andere Realitäten vorzustellen als die bestehende, und sich damit eine aufgeschlossene >Neugier zu bewahren. Dabei kann man seiner Fantasie ruhig freien Lauf lassen, ohne als Fantast dazustehen, solange man die nötige Bodenhaftung bewahrt. Somit ist auch hier wieder das richtige >Augenmaß unerlässlich, um sich nicht in Fantasien und Träumereien zu verlieren. Das unterscheidet den wahren Visionär von einem bedauernswerten Menschen, der von Visionen heimgesucht wird.
Der Regelkreis >Träume, Fantasie, >Neugier, >Kreativität, >Ideen, >Initiative, >Erfahrung, >Ziele wird so zum produktiven Perpetuum Mobile, das immer neue >Energie generieren kann. >>Zurück

|Fleiß|

Oh ja, die altmodische Tugend des Fleißes zeichnet fast alle erfolgreichen Selbsterfinder aus –
mit wenigen, meist unrühmlichen Ausnahmen.
Aber selbst jene, die nicht ganz auf den Pfaden der Tugend und/oder der Legalität wandeln, verfolgen ihre

Ziele meist mit der nötigen >Hartnäckigkeit, für die wiederum der Fleiß eine wichtige Flankierung bildet. Merke: Auch unkonventionelle bis kriminelle Karrieren fordern meist erhebliches unternehmerisches Engagement, und damit nahezu den gesamten Kanon der hier vorgestellten Erfolgsfaktoren! Wobei wir auch den emsigsten Ganovenfleiß á la Berlusconi und Kollegen nur ungern belohnt sehen wollen. **>>Zurück**

|Flexibilität|

Ohne Anpassungsfähigkeit gäbe es keine Evolution. Das gilt selbstredend auch für die persönliche und geschäftliche Weiterentwicklung. Speziell am Anfang jeder Unternehmertätigkeit ist oft ein hohes Maß an Flexibilität nötig, um unweigerlich auftretenden Schwierigkeiten oder Hindernissen wirksam begegnen zu können. Gerade auch in Zeiten dynamischer Veränderungen von Märkten, Bedürfnissen, Rahmenbedingungen (also eigentlich immer) ist besonnene Anpassungsfähigkeit ein Ausdruck von >Intelligenz, >Klugheit und >Weitblick jeder Unternehmerentscheidung. Achtung, Allegorie: Wo die biegsame Birke überlebt, wird die störrische Eiche vielleicht vom Sturm hinweggefegt. Aber: Bei allem äußeren Anpassungsdruck liegt Flexibilität stets im Sinn und Interesse eigener >Ziele, >Ideen, Vorstellungen und Vorhaben, nicht jedoch in deren substanzieller bis fundamentaler Veränderung oder gar Aufgabe. Das Wesen der Flexibilität ist Modifikation, nicht Kapitulation. >Klugheit, >Erfahrung und

>Weitblick helfen dabei, die sensible Balance zwischen
>Hartnäckigkeit und Flexibilität herzustellen und zu
halten, und damit den Weg zu Beständigkeit, Beharrung und und >Nachhaltigkeit zu ebnen, ohne den zu
Innovation und Weiterentwicklung zu blockieren.
>>Zurück

| Fortune |

Das Leben ist oft nicht fair, gerade auch gegenüber jenen, die sich redlich abmühen. Nicht immer ist daher der verdiente Sieger mit dem glücklichen Gewinner identisch. Deshalb wurde in unserem Zusammenhang mit Bedacht der Begriff der Fortune, und nicht der des Glücks gewählt. Reine Glückstreffer sind so gut wie nie von >Nachhaltigkeit geprägt. Das sprichwörtliche blinde Huhn, das auch einmal ein Korn findet, ist demnach selten wirklich zu beneiden. Denn im selben blicklosen Augenblick hat es sein Körnchen auch schon wieder verloren. Dennoch ist es durchaus möglich, dass das entscheidende Quäntchen Glück manchmal alles wenden kann – zum Guten, wenn es einem hold ist, wie auch zum Schlechten, wenn es fehlt. Wenn Fortuna den Tüchtigen ihre Gunst verwehrt, ist das bitter, aber die Unglücklichen werden es dank ihrer Tüchtigkeit verwinden. Der ausschließlich von Fortuna abhängige Glücksritter hingegen, der von seiner Glücksgöttin im Stich gelassen wird, hat nichts mehr zu gewinnen, und steht mit leeren Händen da.
Also lasse man sich vom vermeintlichen Glück Anderer

nicht blenden oder gar entmutigen, sondern vertraue besser auf seine ureigenen Fähigkeiten. Generell ist man gut beraten, sich auf die launische Fortuna nicht blind zu verlassen – es sei denn, man wäre das arme bedauernswerte Huhn. Aber manchmal lässt sie sich durch eine positive und optimistische Grundhaltung und eine gute Portion >Hartnäckigkeit gnädig stimmen... **>>Zurück**

|Frustrationstoleranz|

Unerlässlich in fast jeder Situation und bei fast jedem Vorhaben. Nur allzu selten rennt man im Leben offene Türen ein, und dann meist sowieso nur, um festzustellen, dass sie ins Nichts führten, oder womöglich nur schmerzhafte Chimären an der Wand waren. Deshalb, Faustregel: Je härter der Widerstand, desto wichtiger die >Hartnäckigkeit, desto höher die mögliche Belohnung. (Physikalische Ableitung: Druck erzeugt Gegendruck, aber die Energien addieren sich, und wirken in Richtung des geringsten Widerstandes). D.h. wer vorzeitig nachlässt, verliert womöglich, und wer sich zu schnell frustrieren lässt, gibt meist zu früh auf. Um die Frustrationstoleranz dauerhaft aufrecht zu erhalten, braucht es eine gesunde Portion >Selbstvertrauen und >Ehrgeiz, einen gehörigen Vorrat an >Optimismus und den nachhaltigen Einsatz von >Energie. Das stärkt auch den immer nötigen >Kampfgeist. Wie stets hilft auch hier das nötige >Augenmaß und wachsende >Erfahrung, gut mit den eigenen Ressourcen und Möglichkeiten hauszuhalten. **>>Zurück**

|Geduld|

Anglergeduld wird ja oft belächelt, aber sie wird ebenso oft auch belohnt. Engelsgeduld hingegen ist nicht immer zielführend oder angebracht im harten Geschäftsleben. Denn zuviel davon im falschen Zusammenhang kann sich mehr als kontraproduktiv auswirken. Daran zeigt sich, dass auch diese wichtige Generaltugend durchaus anderer flankierender Faktoren bedarf wie z.B. der >Erfahrung, der >Klugheit, des >Weitblicks, etc. . Denn das Feuer der Ungeduld in Zaum zu halten, gehört zu den besonderen Herausforderungen jedes ambitionierten Unternehmertums. Ebenso wie die Fähigkeit, die Glut von >Initiative, >Neugier, >Motivation und >Entscheidungsfreude geduldig und nachhaltig am Leben zu erhalten. Zusammen mit diesen und anderen Faktoren bietet die Geduld eine wichtige Voraussetzung, ein anderes elementares Erfolgselement zu eigenen Gunsten zu beeinflussen: das des optimal abgestimmten >Timings.
>>Zurück

|Hartnäckigkeit|

Hartnäckigkeit ist die Hardcore-Variante des guten alten Beharrungsvermögens. Die alte Vertreter-Regel: *„Wo man Dich zur Tür hinaus wirft, da komme durch die Hintertüre wieder herein!"* kann überall dort, wo das Hausrecht legal mit der Waffe verteidigt werden darf, auch schmerzhafte bis tödliche Folgen haben.

Natürlich ist der Satz eher im übertragenen Sinne zu verstehen, und drückt aus, dass es ohne ein gesundes Maß an >Selbstvertrauen, >Optimismus, >Risikobereitschaft, >Improvisation, >Unverfrorenheit, >Kampfgeist und >Frustrationstoleranz kaum vorwärts gehen wird. Prinzipiell gilt für jede Art selbstständiger Tätigkeit der alte Satz: *„Hartnäckigkeit führt zum Ziel."*
Das bedeutet im buchstäblichen Sinne, dass ein harter Nacken manchmal Not tut, um auch derbe Nackenschläge klaglos wegstecken zu können, und unbeirrt weiterzumachen. Für Selfmader eine alte Binsenweisheit. **>>Zurück**

|Ideen|

Sie sind die Substanz, die aus >Träumen entsteht und uns hilft, unsere >Ziele zu klarer zu sehen und zu verwirklichen. Dabei müssen es nicht zwangsläufig immer die eigenen Ideen sein, die solche Entwicklungen begünstigen. Wichtig: Nicht jede neue Idee ist gut. Ebensowenig wie jede gute Idee neu sein muss, um irgendwann erfolgreich umgesetzt zu werden. Oft genug sogar sind gute Ideen deshalb vakant, weil deren Erdenker selbst nicht in der Lage sind oder waren, sie umzusetzen.
Die Grenzen zwischen dreistem Ideenklau und ihrer Adaption sind dabei manchmal sehr durchlässig, wie z.B. die immer wieder geführte Diskussion um Bill Gates und sein Betriebssystem WINDOWS beweist.
Was soll man sagen? Der Erfolg gab ihm recht.

Schließlich: Von einer guten Idee, die ungenutzt bleibt, hat definitiv keiner etwas. Prinzipiell ist es ohnehin so, dass gute Ideen nur Demjenigen schaden, der sie nicht hat (sowohl, was ihr Ersinnen, als auch, was die Verfügungsgewalt zu ihrer Nutzung betrifft). Aber leider profitiert oft genug nicht Der-/Diejenige davon, welche(r) sie zuerst hatte, sondern, wer sie zuerst erfolgreich verwirklichen und vermarkten konnte.
Und letztlich lebt und profitiert die gesamte Menschheit von der Übernahme und Weiterentwicklung meist fremder Ideen, wie der amerikanische Autor Austin Kleon in seinem intelligenten Buch „Alles nur geklaut" [*5] überzeugend darlegt. **>>Zurück**

|Improvisationstalent|

Im Grunde gibt es unter den Selfmadern zwei Grundtypen: Der Perfektionist überlässt nichts dem Zufall, und plant seine Projekte minutiös durch.
Aber wann läuft schon einmal alles perfekt im (Geschäfts-)Leben? Deshalb wird es unweigerlich Situationen geben, die sich nur durch ausgeprägtes Improvisationstalent retten lassen. Auch dieses ist wiederum ein Erfolgsfaktor, der, je nach >Persönlichkeit, >Talent, >Instinkt, >Erfahrung, >Cleverness,... unterschiedliche Ausprägungen besitzt und Auswirkungen zeitigt.
In der spontanen und reaktionsschnellen Problem- oder Konfliktlösung wird der eher improvisationsstarke Unternehmertypus im Vorteil sein. Diesen bisweilen etwas chaotischen Kreativen mangelt es hingegen

manchmal an der nötigen >Strategie, >Klugheit, >Geduld und >Nachhaltigkeit. Wie so oft macht es hier der richtige Mix. Ideal kann es deshalb sein, wenn der intuitive und der perfektionistische Typus gemeinsam ein Unternehmergespann bilden – als Selfmade-(wo)men oder auch als gemischtes Doppel manchmal eine unschlagbare Kombination. >>Zurück

|Initiative|

Sie ist die Wiege jedes Unternehmertums, im Großen wie im Kleinen. Von wem sonst sollte wohl der Anstoß und die weitere unternehmerische Aktivität ausgehen, wenn nicht von Dem-/Derjenigen, welche(r) die Sache selbst in die eigenen Hände nimmt, also dem Unternehmer/der Unternehmerin? Nur die Initiative schafft die Metamorphose von >Träumen und >Ideen zu >Zielen und >Nachhaltigkeit. Denn Unternehmen ohne Initiative ist Unterlassung. Und das kann die schmählichste aller Sünden sein. Aber: Initiative ohne Plan und Ziel führt in die Sackgasse. Deshalb gilt wie stets: Alles mit dem nötigen >Augenmaß! >>Zurück

|Innovationsbereitschaft|

Es muss nicht immer Avantgarde sein. Ganz im Gegenteil sind fast immer diejenigen Unternehmen im Vorteil, die sich das Risiko und den Aufwand der Pionierarbeit ersparen. Die meisten Märkte haben ohnehin genug Potenzial für reichlich Wettbewerb. Aber auch wer nicht zu den Trendsettern, sondern eher zu den -followern gehört, ist stets gut beraten, sich >Ideen, Neuheiten, Entwicklungen und Innovationen gegenüber aufgeschlossen zu zeigen. Denn oft genug liegt ein möglicher Wettbewerbsvorteil nicht in neuen Produkten, Dienstleistungen oder Angeboten, sondern in innovativen Strukturen, Verknüpfungen, Modifikationen, Techniken oder Trends begründet. Insofern ist man immer gut beraten, mit >Aufgeschlossenheit und offenen Sinnen durchs Leben zu gehen, und sich so die Chance zu geben, immer vorne mit dabei zu sein. Wenn also das nächste Mal jemand zu Ihnen sagt: *„Das haben wir schon immer so gemacht!"* – dann lassen Sie ihn oder sie ruhig so weitermachen – und machen Sie selbst es besser! **>>Zurück**

|Instinkt|

Viele Unternehmerpersönlichkeiten bekennen sich, zum heillosen Entsetzen Controlling-gläubiger Funktionsträger, zu instinktgesteuerten Entscheidungen und Bewertungen. Oft genug wird die Intuition bei der Entscheidungsfindung unterschätzt, bzw. durch rationalisierende Verfahren, Steuerungs- und Kontrollmechanismen oder Erklärungsmuster überlagert oder gar behindert. Tatsächlich jedoch spielt sie eine ganz herausragende Rolle bei allem, was wir tun. Aktuellen neurologischen Erkenntnissen zufolge gaukelt uns unser eigenes Bewusstsein sogar nur vor, tatsächlich be-

wusste Entscheidungen zu treffen: Nanosekunden bevor das rationale Zentrum unseres Gehirns, also der Sitz unseres Bewusstseins, aktiviert wird, haben andere Areale unseres zentralen Steuerungsorgans bereits für uns entschieden! [*7]
Intuitiv die richtigen Entscheidungen zu treffen, das „richtige Bauchgefühl" zu entwickeln, wenn es um >Ideen, >Kontakte, >Timing, etc. geht – diese beneidenswerte Fähigkeit findet sich bei vielen erfolgreichen Menschen. Instinkt gehört zu den angeborenen Gaben, die sich im Zuge weiterer >Erfahrung immer sicherer und wirkungsvoller einsetzen lassen.
Denn nicht immer ist eine rein instinktiv oder intuitiv getroffene Entscheidung auch die richtige.
Aber öfter als wir denken, ist unser „Bauchhirn" dem Kopfhirn tatsächlich voraus, oder sogar überlegen.
Das sollte das rational gesteuerte Unternehmer/innenhirn immer mitbedenken! >>Zurück

|Intelligenz|

Es gibt ja durchaus Leute, die gerne mit ihrem Intelligenzquotienten angeben. Das ist dann ein besonders eindrucksvoller Beweis für eine bestimmte Art von Dummheit, nämlich die der Einbildung. Für seinen IQ kann nämlich keiner etwas, der ist angeboren.
Und auch bei hoher Ausprägung ist er eben nicht immer oder zwangsläufig hilfreich oder förderlich, schon gar nicht im Unternehmensalltag. Sonst gäbe es wohl kaum den altbekannten Spruch von den dicksten Kar-

toffeln der dümmsten Bauern. An dem scheint ja wohl doch etwas dran zu sein. Ob er allerdings so wörtlich zu nehmen ist? Denn irgend etwas müssen sie wohl richtig machen, diese vordergründig nicht allzu helle erscheinenden Erfolgstypen, die es in vielen Branchen ja tatsächlich gibt. Oft reicht eben schon eine spezifische oder eher intuitive Intelligenz, gerne auch >Cleverness genannt, und ja - manchmal auch das schiere Glück (siehe auch >Instinkt, >Talent, >Fortune), um verblüffende Erfolgsergebnisse zu erzielen.

Da hilft dann keine neidvolle Herablassung, kein Lamento, sondern nur eigenes Nachdenken, sprich, die Mobilisierung der eigenen Intelligenz, und dann heißt es: Selbst darangehen und besser machen!

Denn: Selbst ist der Selfmade-Mann/die Selfmade-Frau, d.h.: selbst denken macht schlau! **>>Zurück**

|Kampfgeist|

Es gibt den sehr von >Klugheit, >Weitblick und >Augenmaß geprägten Spruch, der da lautet: *„Besser ein großer Fisch im kleinen Teich, als ein kleiner Fisch im großen Teich."* Gerade für den ambitionierten Selfmader ist es wichtig, die eigenen Kräfte und Möglichkeiten richtig einzuschätzen. Denn es sind bei weitem nicht nur die Neider oder Konkurrenten, die sich als mächtige Widersacher jeder selbstständigen Ambition entgegen stellen. Der/die Selbstständige begibt sich allein in ein Haifischbecken mit trüben oder verseuchten Arealen und gefährlichen Abgründen, in dem es von gierigen Räubern, tückischen Angreifern und schleimigen Parasiten nur so wimmelt.

Die Liste dieser existenzbedrohlichen Kreaturen liest sich wie ein Auszug aus dem Horrorkabinett des Dr. Mabuse: Banausen, Bürokraten, Besitzstandswahrer, Ignoranten, Intriganten, Karrieristen, Opportunisten (oft in Personalunion), Funktionäre, Korinthenkacker, Lobbyisten, Abzocker, Spekulanten, Bedenkenträger, Blender, Provisionsjäger, Plagiatoren, Planstellenbesetzer, Platzhalter, Paragrafenreiter, Ideologen, Sesselwärmer, Konformisten, Regel-Fetischisten, Scheuklappenträger, Status-quo-Verteidiger, Trittbrettfahrer, Minderwertigkeitskomplexler, Speichellecker und Duckmäuser – um nur die häufigsten zu nennen. Sie alle, manchmal einzeln, manchmal auch im ganzen Pulk, setzen oft ihr ganzes erbärmliches Dasein und Streben daran, unsere >Initiative auszubremsen, unsere >Energie zu absorbieren und unseren >Optimismus wie unsere >Selbstdisziplin hart auf die Probe zu stellen. Da hilft nur ein ehernes >Selbstbewusstsein, >Hartnäckigkeit und ein ungebrochener Kampfgeist. Alte Boxerregel: Es zählt nicht, wie oft man im Staub landet. Es zählt nur, dass man das entscheidende eine Mal öfter aufsteht als der Gegner. Denn dann ist er es, der am Ende ausgezählt wird. **>>Zurück**

|Klugheit|

Kluges Handeln wurzelt in >Erfahrung, Wissen, Analyse, >Weitblick, und >Augenmaß. Klugheit ist die

rationale und eher konservativ-seriöse Schwester der manchmal allzu pragmatischen, intuitiven, und bisweilen sogar skrupellos agierenden >Cleverness.
Wo diese auf Ergebnisse mit maximaler Gewinnerzielung aus ist, ist die Klugheit auf strategischen Vorteil und nachhaltige Ausrichtung der Aktivitäten gerichtet. Und sie ist klug genug, sogar zu Gunsten der Cleverness in den Hintergrund zu treten, wenn es angebracht erscheint. Denn Nachgeben im richtigen Augenblick ist ihr herausragendes Erkennungsmerkmal, und >Geduld wie Besonnenheit sind ihre unwiderstehlichen Begleiterinnen. **>>Zurück**

|Know-how|

Wichtige Voraussetzung für jedes unternehmerische Unterfangen. Das Gute ist: Man kann und muss nicht immer und jederzeit alles selbst wissen oder können – auch nicht als Unternehmer/in. Hauptsache, man weiß, wer's weiß und wer's kann, oder wo's steht, und hat ggf. die richtigen Leute mit im Boot (siehe auch: >Kontakte, >Multiplikatoren, >Mentoren), oder kann sie anheuern. Für das schnelle Halbwissen-to-go gibt's ja heute zum Glück außerdem noch Google, Wikipedia und Co. Verführerisch, aber gefährlich, weil es die Illusion von Information und Faktenwissen vermittelt, die echtes Wissen und fundierte Recherche nie ersetzen kann. Aber manchmal ist es auch nützlich zu wissen, was man alles nicht weiß. **>>Zurück**

|Kompetenz|

Kompetenz ist die Fähigkeit, Informationen, >Ideen, >Know-how und >Kontakte im Rahmen vorgegebener Strukturen wirksam und zielgerichtet einzusetzen oder zu instrumentalisieren.
Kurz: Sie bildet eine unabdingbare Voraussetzung, um optimale Ergebnisse erzielen zu können. Insofern sollten Selfmader zumindest auf einem ureigenen Gebiet (idealer Weise auf mehreren verschiedenen und/oder angrenzenden Gebieten) Kompetenzen vorweisen, die es ihnen erlauben, eigene wie fremde Ressourcen zu erkennen, zu beurteilen, zu erschließen, und letztlich optimal zu nutzen. **>>Zurück**

|Kondition|

Auch wenn genügend >Energie den Vorwärtsdrang eines Selfmaders befeuert, ist dennoch auch eine gute Kondition unabdingbar, um seine >Ziele zu erreichen. Denn wie weit man letztlich kommt, hängt immer auch von den Konditionen, sprich, den Rahmenbedingungen ab, unter denen man in den Wettbewerb startet. Hier ist es, neben der mentalen Vorbereitung und Konstitution (> Frustrationstoleranz, >Geduld, >Hartnäckigkeit, > Ehrgeiz, >Kampfgeist, >Selbstdisziplin...), vor allem die finanzielle Basis und Ausstattung, die von vorn herein über Erfolg oder Scheitern entscheidet. Ohne eine wirklich tragfähige Finanzierungsbasis sind alle anderen Faktoren so gut wie wert-

los, und führen entweder in die hemmungslose Selbstausbeutung oder in bodenlose Pleite und Verzweiflung. Da können dann höchstens noch sehr gute >Kontakte in gewisse Milieus helfen, deren ehrenhaftes Engagement sicher in Zweifel zu ziehen ist – in aller Regel also keine echte Option mit Zukunftsperspektive!
>>Zurück

|Kontakte|

Mit guten Beziehungen verhält es sich wie mit den guten >Ideen: Sie schaden nur dem, der sie nicht hat. Speziell der Selfmade-Typus ist natürlich in besonderem Maße auf gute Kontakte, oder wie man heutzutage sagt, ein engmaschiges und leistungsfähiges Netzwerk angewiesen. Je nach >Persönlichkeit, >Kompetenz, >Instinkt, >Respekt, >Charme und >Chuzpe bildet dieses Netzwerk entweder einen ständig wachsenden, und im Idealfall schier unerschöpflichen Pool an Ressourcen, Querverbindungen und Möglichkeiten. Oder aber es wird schlecht gepflegt und gleicht eher einem notdürftig geflickten Rettungsnetz, das man sich für den Ernstfall (der dann auch meist recht schnell eintreten dürfte) aufspart.

Merke: Ausdrücklich ist hier nicht die Rede von virtuellen Gebilden á la Facebook und Konsorten, die allesamt zu 98 % nur die Illusion von Freundschaft, Solidarität oder gemeinsamen Interessenlagen vermitteln! Wirklich belastbare Beziehungen sind nicht virtuell, sondern „real life", und 10.000 „Likes" wiegen

keinen einzigen konkreten zwischenmenschlichen „face-to-face"-Kontakt, geschweige, einen echten und verlässlichen Geschäftspartner oder -freund auf.
Für die Anbahnung, wie teils auch die Pflege solcher Kontakte, sind die sogenannten „sozialen Netzwerke" heute allerdings so gut wie unerlässlich geworden.
>>Zurück

|Konzentrationsfähigkeit|

Um in unserer chaotischen Welt den Überblick zu behalten, sind Konzepte wie „Fuzzy logic" und Chaostheorie sicher hilfreich zum Verständnis, taugen jedoch nur bedingt als unternehmerisches Handlungsmodell. Gerade in Zeiten allgegenwärtigen und oft zwanghaft anmutenden Multitaskings ist die Fähigkeit, sich auf die wirklich essenziellen Dinge, Ereignisse und Entwicklungen konzentrieren zu können, überlebenswichtig. Heute gerne auch neudeutsch als „Fokussierung" etikettiert, bietet die Konzentrationsfähigkeit die unabdingbare Voraussetzung, das Wesentliche wahrzunehmen, zu erkennen, vom Unwesentlichen zu trennen, und zur Grundlage von Entscheidungen und Handlungen zu machen, um diese dann ebenso fokussiert umzusetzen. Kurz und konzentriert: Den allgegenwärtigen Tsunami an Informationen und Handlungsoptionen zu kanalisieren, zu analysieren und zu bändigen, und seine Energien für eigene >Ziele und Zwecke sowie zum eigenen Vorteil nutzbar zu machen.
>>Zurück

|Kreativität|

Irgend ein Werbeguru, meines Wissens war es sogar der legendäre David Ogilvy selbst, hat einmal den Satz geprägt: *„It's not creative unless it sells!"* - zu deutsch: *„Wenn es nicht verkauft, ist es auch nicht kreativ!"* (soll heißen: nichts wert). Natürlich ist unternehmerisch ausgerichtete Kreativität in erster Linie zweckgebunden und erfolgsorientiert zu betrachten und zu bewerten, hat also mit den hehren Künsten und schöngeistiger Selbstverwirklichung eher wenig gemein. Gerade durch die teils schnöde und inflationäre Instrumentalisierung der Kreativität ist dem Begriff in den letzten Jahren eine fatale Entwertung widerfahren, die seinen ursprünglichen Sinngehalt ad absurdum führt. Denn creare heißt: gestalten. Und gestalterische Fähigkeiten sind bei nahezu allen menschlichen Tätigkeiten meist von Vorteil, so natürlich und vor allem auch bei der unternehmerischen. Denn neben Produkten und Dienstleistungen profitieren auch Prozesse, Strukturen und Lieferbeziehungen von kreativem Innovationsgeist. Tröstlich nur, dass, ähnlich wie beim >Know-how, der Unternehmer/die Unternehmerin nicht alles selbst können oder leisten muss: Eigene Kreativitäts-Defizite lassen sich ggf. auch durch gezielten Zukauf oder Nutzung geeigneter Fremdressourcen wettmachen. **>>Zurück**

|Mentoren|

Positives Feedback und konstruktiv-kritische Rückmeldungen sind unentbehrlich für jede Persönlichkeitsentwicklung. Glücklich, wer frühzeitig auf die >Erfahrung, die engagierte Ansprache und die motivationsfördernde und wohlwollend-kritische Begleitung eines fähigen Mentors/einer fähigen Mentorin vertrauen kann. Gerade die tendenziell eher solitäre Selfmade-Persönlichkeit orientiert sich oft am Beispiel lebender oder vermittelter Vorbilder.
So wertvoll der Erfahrungsschatz Anderer für den Einzelnen auch sein mag – die eigenen Erfahrungen (gute wie schlechte) sind unbezahlbar. Deshalb sollte man bei der Auswahl seiner Vorbilder und Mentoren auch durchaus kritisch und wählerisch vorgehen. >>Zurück

|Motivation|

Das unermüdliche Engagement der Selfmade-Persönlichkeit lebt primär von der Selbstmotivation, die sich u.a. aus den >Zielen und dem individuellen >Ehrgeiz speist. Immer wieder neu die eigenen Antriebskräfte, wie auch die seiner Mitstreiter/innen zu mobilisieren, erfordert zum Teil erhebliche >Selbstdisziplin und >Energie. Auch die Kunst der Fremdmotivation, z.B. gegenüber Mitarbeitern und Mitarbeiterinnen, ist eine Frage der >Persönlichkeit. Sie wird oft durch den gezielten Einsatz von >Charme erleichtert, und setzt den wechselseitigen >Respekt sowie ausge-

prägtes >Einfühlungsvermögen im Umgang mit zu motivierenden Personen oder Gruppen voraus.
Aber generell gilt: Ohne gesunde und tragfähige Grundmotivation geht gar nichts. Und welche Motivation wäre wohl stärker als das Streben nach sicherem Wohlstand, Glück und Unabhängigkeit? >>Zurück

|Multiplikatoren|

Man kann zwar versuchen, sich weitgehend selbst zu erfinden und zu vervollkommnen, man kann aber nicht immer alles selbst machen oder leisten – auch nicht als noch so überzeugte(r) oder erfolgreiche(r) Selfmademan oder -woman. Gerade in den oft kritischen Wachstumsphasen der Selbstständigkeit kann es sich als hilfreich erweisen, nützliche Multiplikatoren zu instrumentalisieren. Zu denken ist hier vor allem an gute >Kontakte zu Geschäftspartnern und Geldgebern, zu den Medien (Kommunikation/PR), zu Behörden, Institutionen und Verbänden, wie natürlich auch in die Politik. Auch >Mentoren erfüllen oft eine hilfreiche Multiplikatorfunktion. Durch Zugriff auf entscheidendes >Know-how lassen sich ggf. Möglichkeiten und Erfolgsaussichten vervielfachen. Als ebenso nützlich können sich motivierte Mitstreiter oder Fürsprecher erweisen, die, und sei es auch aus purem Eigennutz und -interesse, die eigenen Bestrebungen flankieren oder unterstützen. Heute natürlich unverzichtbar sind Netzwerke aller Art, welche die eigenen Präsenzpotenziale multiplizieren können (siehe auch Interview mit

Hr. Max Wittrock, S. 138). Mit ein wenig >Fortune spielen einem manchmal auch ohne eigenes Zutun äußere Umstände, Entwicklungen und Trends in die Hände.
Auch entsprechendes >Timing kann als Multiplikator eine wichtige Rolle spielen. In Bezug auf Multiplikatoren gilt die alte Handwerker-Weisheit: *„Gewaltig ist des Schlossers Kraft, wenn er mit dem Hebel schafft."* Aber Vorsicht: Multiplikatoren können natürlich auch in unerwünschter oder negativer Richtung wirksam werden (Stichworte: PR-Gau, Rufmord-Kampagnen/ Shitstorm, Qualitäts-/Glaubwürdigkeits-/Imageprobleme, etc.)! **>>Zurück**

|Mut|

Nicht jede >Persönlichkeit verfügt im gleichen Maße und von Anfang an über diese entscheidende Charaktereigenschaft. Aber: Mut ohne >Selbstvertrauen, >Selbstdisziplin und >Augenmaß ist Dummheit. Eine Entscheidung ohne Mut ist Kleinmut. Mut ohne >Respekt ist Übermut. Mut gepaart mit Selbstüberschätzung oder zuviel >Ehrgeiz führt zu Hochmut. Unter Zwang wird Mut zur Zumutung. Mit anderen Worten: Ohne Mut geht gar nichts gut. Aber ebenso gut ist allein mit Mut noch lange nichts gewonnen. Die >Erfahrung zeigt: Der Mut wächst mit den Erfolgserlebnissen und hat die wunderbare Eigenschaft, sich bei wachsendem Gebrauch nicht zu erschöpfen, sondern zu vermehren - und das ist gut. Denn den Mutigen wächst leichter Kraft zu, als den Kräftigen der Mut. Man kann fast jeden Verlust verschmerzen als Selfmade-Existenz – aber seinen Mut sollte man, ebenso wie seine >Träume, möglichst niemals verlieren. Jedenfalls nicht endgültig. **>>Zurück**

|Nachhaltigkeit|

Wenn die Bäume in den Himmel wachsen würden, hätte dieser Begriff aus der Forstwirtschaft wohl kaum je eine solch fast schon inflationäre Würdigung erfahren in den letzten Jahren. Fakt ist: Eine Vielzahl von Unternehmungen und Start-ups überlebt nicht einmal die ersten drei Jahre (siehe auch >Frustrationstoleranz). Nur den Allerwenigsten gelingt der durchschlagende Coup auf Anhieb. Aber auch große Imperien sind nicht für die Ewigkeit geschaffen, und widerstehen immer seltener der spekulativen Erosion oder gezielten Angriffen seitens mächtiger Konkurrenten oder des entfesselten Geldmarkts. Deshalb sind >Strategie, >Kondition, Konstanz und Beharrlichkeit wichtige Größen im Geschäftsleben. Oder wie das chinesische Sprichwort sagt: *„Einen Laden zu eröffnen ist keine Kunst. Die Kunst besteht darin, ihn geöffnet zu halten."* Das bedeutet, dass alle Bestrebungen und Bemühungen mit einer gewissen >Hartnäckigkeit vorangetrieben, sowie von Nachhaltigkeit getragen sein müssen, um den Erfolg langfristig sicher zu stellen. Was wiederum meist viel >Energie und >Kampfgeist für einen dauerhaft harten, erfolgsorientierten Einsatz erfordert.

Im Lotto gewinnen kann schließlich (theoretisch) jeder nutz-, antriebs- und ideenlose Depp!
Merke:
„Reich zu werden ist meist schwer – reich zu bleiben noch viel mehr!" © **>>Zurück**

|Neugier|

Wer immer nur nach Neuem giert, wird womöglich blind für den Wert des Bestehenden.
Andererseits ist eine ausgeprägte Neugier ein Zeichen von >Intelligenz und der Humus, auf dem neue >Ideen gedeihen. Ähnlich wie beim ambivalenten >Ehrgeiz gibt auch bei der Neugier das gesunde Mittelmaß den Ausschlag. Der oftmals entscheidende Wissens- oder Informationsvorsprung, der Zugriff auf wertvolles >Know-how, die Ausbildung entsprechender >Kompetenzen, die Wahrnehmung neuer Entwicklungen und Trends, >Innovationsbereitschaft, der Ausbau tragfähiger >Kontakte - alles undenkbar ohne eine wache, vorurteilsfreie und stets aufgeschlossene Neugier. Wenn sie erlischt, droht auch das Feuer des Unternehmergeistes zu verlöschen. **>>Zurück**

|Optimismus|

Nur notorisch optimistische Naturen verfallen überhaupt auf die Idee, es selbst und aus eigener Kraft „schaffen", es „zu etwas bringen" zu wollen.

Und genau das ist ihre Stärke. Ohne diesen Optimismus, der zweifellos in ihrer besonderen >Persönlichkeit begründet liegt, wären sie nicht in der Lage, die nötige >Initiative, >Energie, >Risikobereitschaft und den nötigen >Kampfgeist aufzubringen, um ihr >Selbstvertrauen immer wieder fundamental auf die Belastungsprobe zu stellen.

Insofern trägt der Optimismus in extremen Fällen durchaus Züge einer Form des milden Wahns, oder auch des abgemilderten Masochismus. Irgendein kluger Kopf, ich glaube es war Sartre, hat einmal gesagt: *„Wir müssen uns Sysiphos als glücklichen Menschen vorstellen."* Nein, das war nicht der Gründer der „Rolling Stones", aber dennoch ein unsterblicher Star der Mythologie (lässt sich bei Bedarf auch ergoogeln). Und er war weder steinreich noch erfolgreich, zumindest mit >Frustrationstoleranz war er aber überreich gesegnet. Und er ist in die Geschichte eingegangen: Zwar nicht als erfolgreicher Selfmademan, aber doch als einer, der niemals aufgibt. Vor allem nicht sich selbst. **>>Zurück**

|Persönlichkeit|

Mit ihr verhält es sich wie mit dem Stil: Man muss sie nicht mögen, aber man muss sie wiedererkennen und respektieren können. Deshalb wird man in der Riege der Selfmader zwar Persönlichkeiten finden, die durchaus auch farblos, exzentrisch, humorlos, gierig, rücksichts- bis skrupellos, aufdringlich oder unsympathisch wirken mögen. Eines sind sie bei näherer Begutachtung jedoch nie: uninteressant.

Die, übrigens sehr lesenswerte, Biografie von Steve Jobs beispielsweise (siehe Anhang) gibt hier einigen Aufschluss.

Generell das vielleicht Faszinierendste an der menschlichen Persönlichkeit ist ihre Entwicklungsfähigkeit – zum Guten wie zum Schlechten (*„Verdirbt Geld den Charakter? Nein, es fördert ihn lediglich zu Tage!"*).
>>Zurück

|Pragmatismus|

Die >Erfahrung lehrt: Pragmatismus und >Augenmaß sind die besten Begleiter gesunden >Ehrgeizes. So ambitioniert und konsequent >Ziele stets verfolgt werden sollten, so wichtig ist es, die eigene >Motivation nicht durch unrealistische Vorgaben, vermeidbare Frustrationserlebnisse oder Rückschläge zu schmälern. Vereinfacht gesagt: Das Machbare ist im Zweifelsfalle dem Maximalziel oder der Wunschvorstellung vorzuziehen. Oder wie es der amerikanische Erfolgsautor John Locke formuliert hat: *„Your goals should be low enough to hit and high enough to matter!"*. Sinngemäß: *„Setze Dir Ziele, die niedrig genug sind, um erreichbar zu sein, und hoch genug, um bedeutsam zu sein!"*. Denn mit jedem Erfolgserlebnis wächst auch das >Selbstvertrauen, und damit das Beharrungsvermögen, die >Initiative wird gestärkt, und die >Frustrationstoleranz wird nicht unnötig strapaziert. **>>Zurück**

|Respekt|

Oft mühsam erworben und noch öfter leichtfertig verspielt, ist der Respekt nicht nur in der Geschäftswelt ein kaum zu überschätzender Aktivposten. Durch mutiges, zielgerichtetes, seriöses, verantwortungsvolles, konsequentes und manchmal sogar Ellenbogenbetontes Handeln und Auftreten kann man sich im harten täglichen Wettbewerb Respekt verschaffen. Umgekehrt kann er auch hilfreich dabei sein, mögliche Gegner und Konkurrenten seinerseits nicht zu unterschätzen. Man sollte es damit aber auch nicht übertreiben (siehe: >Augenmaß). Generell ist ein respektvoller Umgang miteinander ein Ausdruck von Höflichkeit und Wertschätzung, selbst wenn man sich nicht in gegenseitiger Facebook-"Like"-Manier zugetan ist.

>>Zurück

|Risikobereitschaft|

Sie speist sich aus dem >Mut, sich überhaupt den Herausforderungen einer selbstständigen Existenz zu stellen, und ist neben der >Entscheidungsfreude eine der elementaren Grundvoraussetzungen für einen erfolgversprechenden oder gar erfolgreichen Selfmade-Werdegang. Je nach >Persönlichkeit ist sie unterschiedlich stark ausgeprägt, und kann sich ggf. auch als kontraproduktiv erweisen, v.a. wenn es am nötigen >Augenmaß oder auch an >Erfahrung, >Intelligenz, >Instinkt oder einfach an >Fortune fehlt.

Kein Geschäft ist ohne Risiko. Aber ohne Risikobereitschaft gibt es auch kein Geschäft! Hellhörig sollte man allerdings immer dann werden, wenn sie von außen als Forderung an Andere gestellt wird (gerne von Anlageberatern und ähnlichen Zeitgenossen). Denn die Bereitschaft zur Risikoübernahme sollte sich immer nur auf eigene Risiken beziehen, die man selbst aus freien Stücken einzugehen bereit ist, und deren mögliche Konsequenzen aus eigener Kraft zu bewältigen sind.
>>Zurück

|Selbstdisziplin|

Die Königsdisziplin jeder wahrhaft selbstständigen Existenz ist die Selbstdisziplin. Wer, wenn nicht man selbst, stellt die Regeln auf, kann sie also auch ebenso gut verändern oder brechen? Auch für die gefestigte >Persönlichkeit ist der vielbeschworene „innere Schweinehund" deshalb der tückischste und ausdauerndste Gegner, wenn man nicht über einen gesunden >Ehrgeiz, gepaart mit hoher >Frustrationstoleranz und einer schier unerschöpflichen Reserve an >Energie verfügt. Und nur, wer im Geschäftsleben und als Unternehmer ein glaubwürdiges Beispiel vorlebt, kann auch sein Team entsprechend fordern und eine leistungsorientierte Unternehmenskultur fördern.
Aber gerade der verantwortungsvolle Umgang mit den eigenen Kräften und Ressourcen erfordert bisweilen auch das >Augenmaß, sich selbstdiszipliniert von allen

stressbehafteten Aktivitäten fernzuhalten, und statt dessen tiefenentspannt der Erholung oder der Muße zu frönen! Denn die Vorräte an >Energie sind nicht unerschöpflich, und der ausgeruhte >Kampfgeist ist der ausdauerndste. **>>Zurück**

|Selbstvertrauen|

Anders als der >Ehrgeiz, von dem es durchaus auch zuviel geben kann, ist das Selbstvertrauen die Ursubstanz, aus der jede Selfmade- >Persönlichkeit gestrickt ist. Ein gesundes Selbstvertrauen hat die schöne Eigenschaft, mit der >Erfahrung, und natürlich auch mit den Erfolgen zu wachsen, und sich auch von herben Rückschlägen nicht wirklich schmälern zu lassen. Aus ihm speist sich zum großen Teil auch die >Energie, welche als Triebkraft hinter jeder selbstständigen Existenzform steht. Ohne Selbstvertrauen gibt es keine >Risikobereitschaft, keine >Motivation, keine >Initiative, keinen >Charme, keine >Unverfrorenheit, keine >Frustrationstoleranz, keine >Nachhaltigkeit, keinen >Respekt, keine >Energie.
Das bedeutet, es gibt im Grunde nur eine ungesunde Form des Selbstvertrauens: nämlich das unterentwickelte. Selbst ist der Selfmader/die Selfmaderin. Und vor allem: selbstbewusst! **>>Zurück**

|Sparsamkeit|

Noch so eine eher uncoole Tugend der berüchtigten „schwäbischen Hausfrau"! Es geht dabei jedoch nicht ums „Schaffe, Spare, Häuslebaue" sondern vielmehr um das richtige >Augenmaß im Umgang mit Ressourcen – eigenen wie fremden.
Es soll allerdings Leute geben, die sich mit ihrem Reichtum großtun, nach dem Motto:
„Geld, das ich heute zum Fenster hinaus werfe, kommt morgen zur Türe wieder herein!"
Das mag vielleicht zutreffen, wenn der Geldhaufen vor dem Haus so hoch ist, dass man in den ersten Stock gehen muss, um die Kohle überhaupt aus dem Fenster zu kriegen. Logisch, dass dieser Haufen entsprechend wieder zur Haustür hineindrängt. So etwas könnte man als Luxusproblem bezeichnen. Für den Rest der Welt jedoch, der womöglich nur über begrenzte Mittel verfügt, ist das eher kein tragfähiges Sparmodell.
Hier müssen die knappen Mittel knallhart kalkuliert und zusammengehalten werden, unter anderem durch konsequente Sparsamkeit. Denn sie schafft die Grundvoraussetzung für Unabhängigkeit, vor allem von Fremdkapital – ein nicht zu unterschätzender Aktivposten, wenn man seine unternehmerische Handlungsfähigkeit und Entscheidungsfreiheit behalten und sichern will. Ohne ein gewisses Maß an Sparsamkeit ist echte >Nachhaltigkeit, ebenso wie eine dauerhaft belastbare finanzielle >Kondition, eine Illusion.
Und Illusionen sind schlecht fürs Geschäft.
Es sei denn, man wäre zufällig Illusionist. **>>Zurück**

|Strategie|

Planvolles Handeln ist noch keine Strategie, aber es ist Voraussetzung und die Vorstufe dazu. Nicht zufällig kommt der Begriff aus dem militärischen Sprachgebrauch. Im Grunde geht es darum, alle produktiven Kräfte optimal zu mobilisieren, indem man sie zielgerichtet zusammenführt und bei Bedarf bündelt bzw. punktgenau einsetzt.
Gleichzeitig gilt es, mögliche Fehlerquellen und Störfaktoren, Konkurrenzkräfte und alles Kontraproduktive möglichst schon im Vorfeld zu erkennen und systematisch zu minimieren. Je eher es gelingt, eine strategische Ausrichtung (d. h. eine planvolle, zielgerichtete, abgestimmte, definierte, ressourcengerechte und zeitorientierte Struktur) aller Aktivitäten vorzugeben bzw. herzustellen, desto besser lässt sich jede Unternehmung organisieren, steuern und vorantreiben.
All' das lässt sich natürlich auch auf ein Einzelunternehmen übertragen, dessen Erfolgsaussichten sich somit systematisch verbessern dürften:
Ähnlich wie beim Schach sollte man bereits bei der Spieleröffnung (d.h. beim ersten Zug) eine Zielidee über den Spielverlauf verfolgen, aus der sich dann eine Strategie ableiten lässt. Da im Spiel wie im Geschäftsleben immer mehrere Akteure beteiligt sind, wird es immer auch notwendig sein, seine Strategie ggf. flexibel anzupassen (siehe >Ziele, >Intelligenz, >Flexibilität, >Improvisationstalent, >Augenmaß, >Klugheit, >Mut...) oder bei Bedarf auch weitreichend zu hinterfragen oder zu verändern. **>>Zurück**

|Talent|

Talente sind die genetisch mitgegebenen Pfunde, mit denen man wuchern kann und sollte, wenn man „es zu etwas bringen" will. Je nach >Persönlichkeit sind diese Ressourcen individuell ausgeprägt, verteilt und verfügbar. Die Kunst besteht darin, seine eigenen Talente zu erkennen und wertzuschätzen, um sie dann nutzbringend zu verfeinern und zielgerichtet einzusetzen. Hierbei können, besonders in der Frühphase persönlicher wie unternehmerischer Entwicklung, >Mentoren wertvolle Hilfestellung leisten. Denn nichts ist tragischer als ein „ewiges Talent", das lebenslang hinter seinen wahren Möglichkeiten zurückbleibt.
>>Zurück

|Timing|

Richtiges Timing gehört zu den wichtigsten Erfolgselementen überhaupt, ist es doch oft genug ausschlaggebend für den Erfolg jedweder Unternehmung. Im Umkehrschluss kann, selbst bei optimalen Restbedingungen und trotz perfekter Planung und Vorbereitung, ein schlechtes Timing ins Totaldesaster führen. Der berühmte Gorbatschow-Spruch:
„Wer zu spät kommt, den bestraft das Leben!"
gilt ebenso für Viele, die einen klassischen Fehlstart hinlegen oder generell falsch in der Zeit liegen.
Neben der Fähigkeit, per >Kompetenz, >Instinkt,

>Erfahrung, >Intelligenz, >Geduld und >Augenmaß das richtige Zeitmaß und den passenden Zeitpunkt zu erwischen, ist es oft genug einfach nur eine Sache der >Fortune, ob es gelingt, den Zeitgeist oder eine Entwicklung optimal abzupassen. Es ist ein wenig wie beim Wellenreiten: Erwischst Du die Welle, bist du der King, erwischt sie Dich, bist Du in Schwierigkeiten.
>>Zurück

|Träume|

Der Stoff, aus dem >Ideen erwachsen. Der bekannteste und am stärksten mythologisch verklärte Traum der Neuzeit ist der „American Dream". Wie kein anderer hat er es vermocht, die >Energie ganzer Generationen auf die Verheißung von Wohlstand, Glück und Unabhängigkeit zu fokussieren, und das beileibe nicht nur in Amerika, sondern in der gesamten kapitalistisch geprägten Welt. So viele ihm auch erlegen sind und bis heute noch erliegen, so wenigen Auserwählten erfüllt er sich auch. Denn nur, wer reine Träumereien von wirkmächtigen Träumen unterscheiden kann, wird diese auch in konkretes, zielgerichtetes Handeln, sprich: >Initiative übersetzen können. Wirkmächtig werden unsere Träume durch ihre Eigenschaft, jahre- und jahrzehntelang ein verborgenes Energiereservoir zu bilden, das unser Denken und Handeln mitbestimmt. In dem Moment, wo sie uns zu Bewusstsein kommen, verwandeln sich manche in konkrete >Ziele, die wir dann mit den richtigen >Ideen

befeuern und mit der nötigen >Motivation, >Initiative, >Energie, >Selbstdisziplin, >Hartnäckigkeit, etc. verfolgen können. Oder wie es ein aufgeweckter Kopf einmal formuliert hat: *„Wenn Du Deine Träume erfolgreich verwirklichen willst, musst Du hellwach sein!"*
>>Zurück

|Überzeugungskraft|

Weil man als Selfmader/in gerade am Anfang in besonderem Maße auf externe Unterstützung (und sei es nur mental oder flankierend) angewiesen ist, sind eigene Glaubwürdigkeit und Überzeugungskraft unabdingbar für den weiteren Erfolg. Je stärker das >Selbstvertrauen, je größer die eigene Überzeugung, je ausgeprägter der Glaube an die eigenen >Ideen, >Kompetenzen, >Ziele und Fähigkeiten, desto leichter werden >Mentoren, >Multiplikatoren und >Kontakte für unternehmerische Projekte zu begeistern und zu gewinnen sein. **>>Zurück**

|Unverfrorenheit|

Steigerungsform der >Chuzpe, nicht mit mangelndem >Verantwortungsbewusstsein zu verwechseln! Erfordert meistens >Mut, kostet manchmal auch Sympathien, weist aber gleichzeitig den unerschrockenen Selfmademan/die unerschrockene Selfmadewoman als waschechte Protagonisten des knallharten Business

kapitalistischer Prägung aus. Neben der >Frustrations-toleranz-gestählten >Hartnäckigkeit ist eine gewisse Härte eben manchmal unerlässlich, wenn man sein Glück erobern oder seine >Ziele erreichen will!
Wenn man in den Ring steigt, legt man die Glacéhandschuhe ohnehin besser ab. Das nötigt den Kunden wie auch dem Wettbewerb und möglichen Widersachern den nötigen >Respekt ab. Sehr aufschlussreich nachzuvollziehen anhand der teils äußerst lesenswerten Biografien und Werdegänge, auf die im Anhang verwiesen wird. **>>Zurück**

|Verantwortungsbewusstsein|

Diese Primärtugend müsste man eigentlich nicht extra thematisieren – sollte man jedenfalls meinen. Denn im Prinzip ist es doch ganz einfach: Jeder Mensch hat zuallererst die Verantwortung für sich selbst wahrzunehmen. Für Selfmader gilt das sicher in besonderem Maße, ist doch verantwortungsbewusstes Handeln die Grundbedingung für >Nachhaltigkeit. Und je mehr ein Mensch unternimmt in seinem Leben (nicht nur in unternehmerischer Hinsicht), desto größer wird auch die Verantwortung, die aus den Handlungen des Einzelnen erwächst. Ob ich eine Beziehung eingehe, eine Familie gründe, eine Arbeit übernehme, am Straßenverkehr teilnehme, mich im Verein engagiere, mich womöglich politisch betätige – mit jeder Aktivität nimmt auch das individuelle Ausmaß an Verantwortung zu. Selbst als vermeintlich passiver Konsument kann ich mich nicht von der Verantwortung befreien, sei es gegenüber den Mitmenschen, die die von mir konsumierten Produkte und Dienstleistungen erbringen, noch gegenüber der sonstigen Mitwelt, die von meinem Verhalten zwangsläufig betroffen ist oder in Mitleidenschaft gezogen wird. Wer dies allen Ernstes bestreiten wollte, zieht sich auf die Position einer Amöbe zurück: Diese einfachste Lebensform existiert einfach, indem sie sich in der Ursuppe treiben lässt. Ein wirklich paradiesischer Zustand, zugegeben.

In der Position eines Unternehmers sieht die Welt jedoch ganz anders aus. In ihr konzentriert und potenziert sich diese Verantwortung in besonderem Ausmaß. Die Bereitschaft, sich dieser Verantwortung zu stellen, ist demnach die Grundlage für jede Art von Unternehmertum. Im Umkehrschluss verringert sich die Verantwortung, je weniger ich unternehme, das erscheint nur logisch. Weniger logisch als nur noch zynisch ist jedoch die fehlende Verantwortungsbereitschaft derer, die nur noch Geld, am besten das anderer Leute, „für sich arbeiten lassen":
In perverser Umkehrung von Ursache und Wirkung verweigern sie die Verantwortung für ihr gewissenloses Handeln. Schließlich unternehmen sie tatsächlich so gut wie nichts, außer mit ein paar Computerbefehlen Unsummen hin- und her zu transferieren. Wozu und vor allem: wofür sollten sie dann noch Verantwortung übernehmen? Sie selbst bedienen ja nur die Bedürfnisse des vermeintlich allmächtigen Marktes, um ihre unersättlichen eigenen zu befriedigen, mehr nicht.
>>Zurück

|Weitblick|

Durchblick und Überblick sind wichtige Nebenperspektiven des Weitblicks, der seinerseits eine unverzichtbare Kenngröße darstellt, wenn es um >Ziele, Planung >Augenmaß, >Strategie und >Nachhaltigkeit geht. Denn: *„Was immer Du tust, tue es mit Bedacht, und bedenke das Ende!"*, wie schon der alte Lateiner wusste. Insofern speist sich der Weitblick oft aus der Fähigkeit, eine entgegengesetzte Position einzunehmen, sprich, den Status Quo vom Ende her zu denken, um darauf seine aktuellen Entscheidungen und Strategievorgaben auszurichten (Wo will ich in 3, 5, 10 Jahren stehen, und was kann/muss/sollte ich dafür in der Gegenwart und der nahen Zukunft tun?).

Gerade allzu schneller und dynamischer Erfolg vernebelt oft genug die unerlässliche Weitblick-Perspektive, und verführt zu falschen Einschätzungen, oder schlimmer, zu unbedachten oder leichtsinnigen Handlungen. Ein klassischer Anfängerfehler, der sich bitter rächen kann. Merke: Fehlender oder fehlgeleiteter Weitblick führt schnell dazu, dass man tief in den Abgrund blickt! **>>Zurück**

|Ziele|

Ziele? Wer braucht schon Ziele, wenn Er/Sie doch das eine große Ziel verfolgt, nämlich unverschämt reich, unabhängig und glücklich zu werden! Warum dann nicht gleich Ideale?

Nein, nein, Ziele können höchstens Zwischenetappen definieren auf dem unaufhaltsamen Weg nach ganz oben!

Achtung: Ironie! Über den Wert wie auch den Halbwert von Zielen ist schon so viel geschrieben worden, dass ich mir und meiner werten Leserschaft an dieser Stelle, so kurz vor dem Ziel, weiterführende Betrachtungen in dieser Richtung erspare.

Nur so viel:

Wer sich keine Ziele vorgibt, bekommt sie vorgegeben. Wer sich realistische Ziele setzt, läuft nicht Gefahr, auf halber Strecke oder schon früher aufgeben zu müssen.

Allerdings: wer sich hochgesteckte oder ambitionierte Ziele setzt, erhöht auch die Chance, vielleicht tatsächlich etwas bescheidenere oder sogar höhere Ziele zu erreichen. Und logischer Weise kommt man aus einer höher gelegenen Etage fast immer schneller aufs Dach (von dem man sich dann trefflich herunterstürzen kann, wenn der große Crash kommt).

Auch gibt es keine Gewähr, dass der Expresslift auf dem Weg hinauf nicht auch einmal hängenbleibt (womöglich zwischen zwei Etagen). Selbst ein unglücklicher Lift-Absturz ist immer drin (es muss ja nicht immer gleich 9/11 sein). Und wer sich zu Fuß oder gar auf Krücken auf den beschwerlichen Weg ganz nach oben macht, braucht einen langen Atem, sprich, jede Menge >Energie, >Optimismus, >Frustrationstoleranz, >Hartnäckigkeit und >Kondition.

Kleiner Trost für weniger Zielstrebige: Selbst wer seine Ziele selbst nicht (er)kennt oder verfolgt, kommt sicher auch irgendwo an. Und der Weg dorthin kann,

wenn schon nicht zielführend im eigentlichen Sinne, so bisweilen doch auch recht spannend und womöglich sogar erfolgreich oder erfüllend sein. Nur: selfmade-tauglich im klassischen Sinne ist das sicher nicht. In jedem Falle lohnt es sich, seine Ziele von Zeit zu Zeit zu hinterfragen, und ggf. auch nachzujustieren. Denn wenn man einmal ganz oben angelangt ist, kann es tatsächlich nur noch abwärts gehen...
>>Zurück

Damit, geschätzte Leserin, geschätzter Leser,
sind wir am vorläufigen Ziel meiner Ausführungen angelangt. Vorläufig deshalb, weil die Erkenntnis nie stehen bleibt, und sich daher in einer möglichen Folgeauflage sicher erweitert oder modifiziert darstellen wird. Bis dahin freue ich mich über Ihre Anregungen, Gedanken, wie natürlich auch über konstruktive kritische Anmerkungen, gerne auch online über:
www.diy-reichtum.de

Ich bedanke mich, dass Sie mir bis hierher in meinen Gedankengängen und Ausführungen gefolgt sind, und wünsche Ihnen alles Gute und viel Erfolg!

Melchior Marcks, im Dezember 2014

Anhang

Auswahl bekannterer Selfmade-Persönlichkeiten, die nicht zwangsläufig oder durchgängig unseren Idealvorstellungen einer Selfmade-Persönlichkeit entsprechen müssen (ohne jeden Anspruch auf Nachprüfbarkeit, Objektivität oder gar Vollständigkeit!):

Margarethe Steiff –
von der Kinderlähmungs-gehandicapten Schneiderin zur visionären und erfolgreichen Kinderpuppen-Großproduzentin.

Artur Fischer –
Vom Realschüler und Kriegsheimkehrer zum Unternehmensgründer, Dübel-Entwickler und millionenschweren deutschen Erfinderkönig mit Doktor-, Professor-, Ingenieur- und Senatorentitel ehrenhalber.

Peter Dussmann –
vom Kleinunternehmer für Reinigungsdienstleistungen zum Vorstand einer internationalen Dienstleistungsgruppe mit 1,8 Mdr. Jahresumsatz.

Silvio Berlusconi –
vom umtriebigen Staubsaugervertreter zum zweifachen italienischen „Bunga-Bunga"-Ministerpräsidenten, dem es dank der Etablierung mafiöser Strukturen im gesamten Staatsapparat gelang, das Land wie auch den Staat Italien nicht nur auszuplündern, sondern auch an den Rand der Existenzfähigkeit zu führen.

Bernie Ecclestone –
vom kleinen Jungen, der im Schulhof Bleistifte, Radiergummis und Süßigkeiten mit Gewinn verkaufte, zum windigen Immobilien- und Gebrauchtwagenhändler, und schließlich (zunächst gemeinsam mit Max Mosley - „Wir sind die Mafia") zum unangefochtenen Formel-1-Zampano mit Kontakten in die Halbwelt.

Reinhold Würth –
vom Inhaber eines Dorf-Schraubenladens zum Weltunternehmer und einem der zehn reichsten Bürger Deutschlands.

Günther Fielmann –
vom verhinderten Fotografen zum Optikerlehrling und -meister. Später Firmengründer, Brillenmarkt-Pionier und millionenschwerer Großunternehmer, Naturschützer und Bundesverdienstkreuzträger.

Erwin Müller –
vom aufmüpfigen Friseurladen-Betreiber zu einem der erfolgreichsten Großdrogisten Deutschlands.

Karl-Heinz Finkbeiner –
vom ambulanten Garagen-Getränkehändler zu einem der größten Getränkefachgroßhändler Süddeutschlands.

Friedrich Kurz –
vom schwäbischen Provinz-Lausbuben und -Rebellen zum Musical-Macher und -Millionär.

Gerhard Schröder –
vom Bauernsohn aus prekärem Kleinbürgermilieu zum ehrgeizigen Jungsozialisten, Volljuristen und schließlich zum leutseligen Brioni-Botschafter, „Basta"- und BILDerbuch-Bundeskanzler sowie schließlich zum Cohiba-paffenden Energielobbyisten und Putin-Kumpan.

Josef (Joschka) Fischer –
vom Schul- und Ausbildungsabbrecher, Gelegenheitsarbeiter und Taxifahrer zum halbstark-militanten Anarcho und halblegalen Politrabauken. Dann geläuterter Öko-Moralapostel, Grünen-Vorstand, Bundesminister und Vizekanzler unter Schröder, und schließlich Energielobbyist und hochdotierter Berater.

Bill Gates –
vom Computernerd zum Microsoft-Gründer und Multimilliardär und Großspender.

Steve Jobs –
vom Computernerd, Vorreiter im Computer- und Bedieneroberflächen-Design zum Apple-Gründer und Milliardär.

Joanne K. Rowling –
von der hoffnungslosen Sozialhilfeempfängerin zur millionenschweren Harry Potter-Erfolgsautorin.

Carsten Maschmeyer –
vom abgebrochenen Medizinstudenten zum AWD-Gründer (skandalumwitterter Finanzdienstleister,

A.d.L.), Wulff-Intimus und zu einer der schillerndsten und zweifelhaftesten Figuren des deutschen Geldkapitalismus.

Mark Zuckerberg –
vom komplexbehafteten Nerd zum Facebook-Gründer und Multimilliardär.

Dieter Bohlen –
vom Möchtegern-Popmusiker zum Botschafter des schlechten Geschmacks in allen Medien.

Sarah Wiener –
vom jugendlichen Tramp ohne Berufsausbildung zur bekannten Fernsehköchin, Autorin und Catering-Unternehmerin.

Peter Kowalsky –
vom fast bankrotten Provinz-Diskothekenbetreiber zum Mitbegründer der Bionade-Erfolgsstory.

(wird in den Folgeauflagen ergänzt bzw. fortgesetzt)

Literatur-/Quellenangaben:

[1] Friedrich Kurz, Marcus Mockler: Der Musical-Mann, ISBN 978-3-86591-405-7
[2] SZ Wochenende Nr. 196 vom 26./26. 08. 2012
[3] Steve Jobs: Die autorisierte Biografie des Apple-Gründers, ISBN 978-3-86591-405-7
[4] Sina Trinkwalder: Wunder muss man selber machen, ISBN 978-3-426-27615-0
[5] Austin Kleon: Alles nur geklaut, ISBN 978-3-442-39256-8
[6] Marc Friedrich, Matthias Weik: Der größte Raubzug der Geschichte, ISBN 978-3404608041
[7] Ansgar Beckermann: Freier Wille - alles Illusion? ISBN 978-3867500579 (DVD)

Nützliche Literatur, Links und Kontakte:

Gabler Kompakt-Lexikon Unternehmensgründung, Hrsg.: Tobias Kollmann
ISBN-13: 978-3409126748

Dieses Lexikon informiert auf 453 Seiten über die relevanten Aspekte rund um den Gründungsprozess: Von Planung, Finanzierung, Beteiligung, Bewertung, Strategie bis hin zum Management - in mehr als 1.500 Stichwörtern findet sich alles, was im Zusammenhang mit einer Unternehmensgründung relevant ist. Zahlreiche Abbildungen und Tabellen veranschaulichen die Sachverhalte und zeigen Zusammenhänge auf.

**Startup-Crowdfunding und Crowdinvesting:
Ein Guide für Gründer, ISBN-13: 978-3658059255**

www.exist.de
Webseite des Bundesministeriums für Wirtschaft und Technologie für Existenzgründungen aus der Wissenschaft

Der Autor

Melchior Marcks. Hinter seiner vielschichtigen Vita und Biografie offenbart sich ein wacher, stets kritischer Geist. In seiner eigenen jahrzehntelangen Berufserfahrung als Werbeberater und -texter, Markenentwickler und Namenserfinder hat er die Untiefen unseres kapitalistischen Wirtschaftssystems nachhaltig ausgelotet. Nicht zufällig tritt der phonetische Nachnamensvetter des berühmten Karl auch unter anderen Pseudonymen als Autor wie als Blogger einschlägig in Erscheinung.Tendenziell bedient Marcks eine erstaunliche Bandbreite an Themen, die er meist stilsicher, dabei ideologiefrei und nicht ohne humorbegabte Distanziertheit zu bearbeiten versteht.

Die site zum Buch: *www.diy-reichtum.de*